U0910841

中国社会科学院文库
哲学宗教研究系列
The Selected Works of CASS
Philosophy and Religion

中国社会科学院创新工程学术出版资助项目

中国社会科学院文库 · 哲学宗教研究系列
The Selected Works of CASS · Philosophy and Religion

不协调信息的推理机制研究

STUDIES ON THE REASONING MECHANISM OF PARACONSISTENT INFORMATION

杜国平 著

中国社会科学出版社

图书在版编目(CIP)数据

不协调信息的推理机制研究 / 杜国平著 . —北京：中国社会科学出版社，2017. 12

ISBN 978-7-5203-1673-6

Ⅰ. ①不… Ⅱ. ①杜… Ⅲ. ①逻辑—研究 Ⅳ. ①B81

中国版本图书馆 CIP 数据核字(2017)第 299464 号

出 版 人 赵剑英
责任编辑 冯春凤
责任校对 张爱华
责任印制 张雪娇

出 版 中国社会科学出版社
社 址 北京鼓楼西大街甲 158 号
邮 编 100720
网 址 http：// www. csspw. cn
发 行 部 010 - 84083685
门 市 部 010 - 84029450
经 销 新华书店及其他书店

印 刷 北京君升印刷有限公司
装 订 廊坊市广阳区广增装订厂
版 次 2017 年 12 月第 1 版
印 次 2017 年 12 月第 1 次印刷

开 本 710 × 1000 1/16
印 张 11. 25
插 页 2
字 数 182 千字
定 价 59. 00 元

凡购买中国社会科学出版社图书，如有质量问题请与本社营销中心联系调换
电话：010 - 84083683

《中国社会科学院文库》出版说明

《中国社会科学院文库》(全称为《中国社会科学院重点研究课题成果文库》)是中国社会科学院组织出版的系列学术丛书。组织出版《中国社会科学院文库》,是我院进一步加强课题成果管理和学术成果出版的规范化、制度化建设的重要举措。

建院以来,我院广大科研人员坚持以马克思主义为指导,在中国特色社会主义理论和实践的双重探索中做出了重要贡献,在推进马克思主义理论创新、为建设中国特色社会主义提供智力支持和各学科基础建设方面,推出了大量的研究成果,其中每年完成的专著类成果就有三四百种之多。从现在起,我们经过一定的鉴定、结项、评审程序,逐年从中选出一批通过各类别课题研究工作而完成的具有较高学术水平和一定代表性的著作,编入《中国社会科学院文库》集中出版。我们希望这能够从一个侧面展示我院整体科研状况和学术成就,同时为优秀学术成果的面世创造更好的条件。

《中国社会科学院文库》分设马克思主义研究、文学语言研究、历史考古研究、哲学宗教研究、经济研究、法学社会学研究、国际问题研究七个系列,选收范围包括专著、研究报告集、学术资料、古籍整理、译著、工具书等。

中国社会科学院科研局

2006 年 11 月

目　　录

第一章　绪论

1.1 司各脱法则

对于各种知识信息，我们经常会遇到包含不协调信息的知识系统。例如，至少在下列场合常常如此：

1．人类早期关于自然的认识；

2．神话传说，历史记载；

3．人们的经验、常识；

4．伦理道德规范、行为准则、法律系统；

5．带有辩证法思想的形而上学理论；

6．包含不同宗教的信仰体系；

7．一些呈现爆炸性增长的科学理论系统；

8．计算机数据库中的海量信息。

在处理这些系统的推理问题时，如果仅仅使用经典逻辑作为推理工具，那么一旦涉及到不协调的知识信息，就会遇到一个非常棘手的问题。

北京时间 2009 年 6 月 1 日法国航空公司的 AF447 航班在大西洋上空失事，机上 228 人全部遇难。法国航空安全调查部门主管阿尔斯拉尼安称，失事飞机在最后时刻出现了多个系统故障。这架飞机最后时刻发出的自动讯息显示，在收到前后矛盾的飞行速度显示后，自动驾驶仪停止运转。由此可见，法航飞机失事的主要原因之一是：在收到前后矛盾的数据信息后，自动驾驶系统停止运转。

为什么在接受到相互矛盾的数据信息，自动驾驶系统就会停止运转呢？

因为现行的智能系统其最底层的逻辑工具一般都是经典二值逻辑系统。而在经典二值逻辑系统中，有一条重要的定理：$\vdash(\alpha\wedge\neg\alpha)\to\beta$，该定理表明，从相互矛盾的信息可以推出任意结论，即矛盾蕴涵一切，这就是司各脱法则(Scotus Law)。这表明：在包含不协调信息的知识系统中，如果我们使用经典逻辑作为推理工具，那么任何结论都可以从该系统中推演出来。这种爆炸性的结果对于一个知识系统来说显然是灾难性的，是不能容忍的。

为了合理地使用这些大量存在的、包含不协调信息的知识系统，在推理上又不至于导致这种灾难性的结果，我们必须研究包含不协调信息的知识系统的推理机制。

1.2 国内外相关研究概述

目前，国际上将能够处理包含不协调信息的知识系统的推理问题的逻辑称之为弗协调逻辑。形式地说，一个理论Σ是不协调的，当且仅当该理论至少包含一对相互否定的命题α和$\neg\alpha$；假设$\vdash_{LS}$是一个逻辑系统LS的逻辑后承关系，称$\vdash_{LS}$是爆炸性的，当且仅当对于任一不协调理论Σ和任一公式β，有$\Sigma\vdash_{LS}\beta$；称LS是一个弗协调逻辑系统，当且仅当其逻辑后承关系$\vdash_{LS}$不是爆炸性的。

弗协调逻辑的英文名称是 Paraconsistent Logic，国内有人翻译为弗协调逻辑、超协调逻辑、次协调逻辑、亚相容逻辑等等，为了不引起混乱，在本书中，统一使用弗协调逻辑。

弗协调逻辑的基本思想是将矛盾圈禁起来，限制其作用范围，不让其扩散。在技术上一般采取的就是取消不矛盾律的普遍有效性，亦即在弗协调逻辑系统中，不矛盾律$\neg(\alpha\wedge\neg\alpha)$不再是有效式，因而司各脱法则$(\alpha\wedge\neg\alpha)\to\beta$也不是有效式。

弗协调逻辑的思想源流最早甚至可以追溯到古希腊时期的亚里士多德。亚里士多德就曾经设想过可能存在不矛盾律在其中不是普遍有效的逻辑。在著名的《工具论》中，亚里士多德指出：

> 同一宾词不可能既被肯定又被否定于同一主体，这条定律并

没有被任何证明明显地确定——除了当结论也必须以那种形式表明时。(77a10-13)①

既然不矛盾律独立于他的三段论系统，实际上可以认为亚里士多德的三段论系统是一个弗协调逻辑系统。

弗协调逻辑的现代先驱是卢卡西维茨(Łukasiewicz)和瓦西里耶夫(Vasil'ev)。卢卡西维茨在1910年发表了《论亚里士多德的不矛盾律》一文，他通过对亚里士多德三段论的研究认识到不矛盾律并非是普遍有效的，他认为逻辑可能和几何类似，存在着像非欧几何那样的修正逻辑基本定律的非亚里士多德逻辑。瓦西里耶夫在1910年发表的《论特称命题、对当三角形和排四律》、1912年发表的《想象逻辑——非亚氏逻辑》等论文中，也独立地提出了建立非亚氏逻辑的思想，他认为在真实世界里不存在矛盾，只有在人的思想创造出的可能世界里才有矛盾。我国学者沈有鼎早年也曾经设想建立“使矛盾局部化”的弗协调逻辑系统②。著名逻辑学家维特根斯坦(Wittgenstein)在1930年大胆预言：

> Indeed, even at this stage, I predict a time when there will be mathematical investigations of calculi containing contradictions, and people will actually be proud of having emancipated themselves from 'consistency'.③

现代第一个弗协调逻辑系统——商谈逻辑(Discussive Logic)是由卢卡西维茨的学生雅斯科夫斯基(S. Jaskowski)于1948年建立的，这直接受到了卢卡西维茨思想的影响。商谈逻辑的基本思想是将通常的逻辑“真”处理为“根据某人的意见为真”，这样“真”在逻辑上就表示“在某一可能世界中为真”，因此，即使A和$\neg A$都真，也未必能够得出任一命题B为真。

1954年阿根廷的阿山约(Asenjo)在其博士论文中建立了第一个多值弗协调逻辑。巴西逻辑学家科斯塔(N. C. A. da Costa)系统地发展了弗协调逻辑的思想，并建立了一系列的弗协调逻辑系统，正是由于他的工作，弗协调逻辑今天成为了一个令人关注的非经典逻辑分支。科斯塔从1958年开始

---

① 亚里士多德：《工具论》，广东人民出版社1984版，第178页。

② 王浩：《数理逻辑通俗讲话》，科学出版社1981版，第158页。

③ L. Wittgenstein. *Philosophical Remarks*. Basil Blackwell, Oxford, 1975, pp.332.

独立发展弗协调逻辑，他建立的系统不仅有命题层次的，而且有谓词层次的；不仅有纯粹逻辑的，还有弗协调集合论，甚至弗协调数学；不仅有纯粹理论的研究，还有在计算机、哲学等方面的应用探讨[53~62]。他的工作得到了许多学者的研究和推广，成为研究最多、影响最大的弗协调逻辑系统。1979 年普利斯特(Priest)提出了悖论逻辑，建立了一个基于三值语义的弗协调逻辑系统[113~116]。

今天，弗协调逻辑的研究已经成为逻辑学界的一个全球化运动，世界上诸多国家的学者都介入其中。特别是在巴西、澳大利亚、保加利亚、意大利、波兰、新西兰、中国等国家都有诸多学者在进行研究。弗协调逻辑已经越来越引起国际逻辑学界的关注。1984 年，国际著名的逻辑学刊物《逻辑研究》(Studia Logica)为弗协调逻辑出了一期专刊；1991 年，《数学评论》(Mathematical Reviews)为弗协调逻辑辟出专栏；①各种弗协调逻辑的学术会议也在不断召开。特别值得一提的是 2006 年 12 月在广西大学召开了我国第一届弗协调逻辑研讨会。

我国自 20 世纪 80 年代开始，先后有学者参与介绍、研究弗协调逻辑，取得了一系列的成果。最为突出的有中国社会科学院的杨熙龄[17,18]、张清宇[19]、武汉大学的桂起权[2]、陈自立[2]、朱福喜[2,20~22]、汕头大学的林作铨[7~14]、空军航空大学的佟惠军[15]、吉林大学的程晓春[1]等，他们不仅系统地介绍、分析了国际学术界弗协调逻辑研究的最新成果，而且建立了新的弗协调逻辑系统，并在计算机科学、人工智能等领域进行了若干应用研究，取得了很多创新性的成果。

1.3 弗协调逻辑的基本策略

弗协调逻辑需要解决的问题是避免由于系统的矛盾信息而带来推理上的爆炸性结果，这集中体现在如何处理司各脱法则$(\alpha \wedge \neg\alpha) \to \beta$的有效性问题上。从理论上讲，要取消$(\alpha \wedge \neg\alpha) \to \beta$的普遍有效性，不外乎有下列途径：

① 参见张清宇《弗协调逻辑》前言， 中国社会出版社 2003 年版, 第 4 页。

表 1.1 弗协调逻辑的基本策略

策略 1	策略 2	策略 3	策略 4	策略 5	策略 6	策略 7	策略 8
不改变	改变 $\neg$	改变 $\wedge$	改变 $\rightarrow$	改变 $\neg\wedge$	改变 $\neg\rightarrow$	改变 $\wedge\rightarrow$	改变 $\neg\wedge\rightarrow$

其中策略 2、策略 3 和策略 4 是最基本的，这就是通常所说的弗协调逻辑研究的三个基本方向：弃合方向(non-adjunctive approach)、正加方向(“positive logic plus” approach)和相干方向(relevant approach)。

弃合方向的基本特征就是放弃合取规则，亦即在构建的逻辑系统中使得公式$\alpha\rightarrow(\beta\rightarrow\alpha\wedge\beta)$不再有效或者逻辑后承关系$\alpha$，$\beta\vdash\alpha\wedge\beta$不再成立。雅斯科夫斯基的商谈逻辑是这一方向的代表。在商谈逻辑系统DL中，“α 真”被理解为“在某一商谈情景中根据某人的意见α为真”，这样商谈逻辑就和模态逻辑克里普克(Kripke)语义学中的可能世界联系了起来。在商谈逻辑系统DL中，逻辑后承关系被定义为：$\vdash_{DL}\alpha$ 当且仅当 $\vdash_{S5}\Diamond\alpha$，即$\alpha$是商谈逻辑系统$DL$中的定理当且仅当$\Diamond\alpha$是模态逻辑系统$S5$中的定理；相应地，$\Sigma\vdash_{DL}\alpha$ 当且仅当$\Diamond\Sigma\vdash_{S5}\Diamond\alpha$，其中$\Diamond\Sigma=\{\Diamond\alpha\,|\,\alpha\in\Sigma\}$。这样，合取律在$DL$中不成立，因为$\Diamond\alpha$，$\Diamond\beta\vdash_{S5}\Diamond(\alpha\wedge\beta)$不成立，所以$\alpha$，$\beta\vdash_{DL}\alpha\wedge\beta$不成立。进而，$\alpha$，$\neg\alpha\vdash_{DL}\alpha\wedge\neg\alpha$不成立；$\alpha$，$\neg\alpha\vdash_{DL}\beta$也不成立。

正加方向的基本特征是在正命题逻辑系统的基础上附加适当的否定来构建逻辑系统。科斯塔和他的合作者主要是在这一方向上来构建其弗协调逻辑系统$C_n(1\leq n\leq\omega)$的。弗协调逻辑系统$C_n(1\leq n\leq\omega)$包括下列公理：

(*Ax*1) $A\rightarrow(B\rightarrow A)$

(*Ax*2) $(A\rightarrow B)\rightarrow((A\rightarrow(B\rightarrow C))\rightarrow(A\rightarrow C))$

(*Ax*3) $A\rightarrow(B\rightarrow A\wedge B)$

(*Ax*4) $A\wedge B\rightarrow A$

(*Ax*5) $A\wedge B\rightarrow B$

(*Ax*6) $(A\rightarrow C)\rightarrow((B\rightarrow C)\rightarrow(A\vee B\rightarrow C))$

$(Ax7)\quad A \to A \vee B$

$(Ax8)\quad B \to A \vee B$

$(Ax9)\quad A \vee \neg A$

$(Ax10)\quad \neg\neg A \to A$

$(Ax11)\quad B^{(n)} \to ((A \to B) \to ((A \to \neg B) \to \neg A))$

$(Ax12)\quad A^{(n)} \wedge B^{(n)} \to (A \wedge B)^{(n)} \wedge (A \vee B)^{(n)} \wedge (A \to B)^{(n)}$

系统C_ω中的公理是由正命题逻辑系统的公理$(Ax1)$至$(Ax8)$外加关于否定的 2 条公理$(Ax9)$和$(Ax10)$构成的，系统$C_n(1 \le n < \omega)$中的公理是由正命题逻辑系统的公理$(Ax1)$至$(Ax8)$外加关于否定的 4 条公理$(Ax9)$至$(Ax12)$构成的。

在弗协调逻辑系统$C_n(1 \le n \le \omega)$中，一个命题A与其否定$\neg A$对于一个赋值V满足：

若$V(A)=0$，则$V(\neg A)=1$。

但是不满足：

若$V(A)=1$，则$V(\neg A)=0$。

这样在弗协调逻辑中，存在一个赋值V，$V(A)$和$V(\neg A)$可以同时都是真的，这样$V(A \wedge \neg A)$可以是真的，因而$V(A \wedge \neg A \to B)$可以为假，即司各脱法则不再是有效式。

相干方向的基本特征是蕴涵关系的前后件必须是相关的，从前提不能推出不相关的结论。例如，相干逻辑系统 B 包括下列公理模式和推理规则：

$(Ax1)\quad A \to A$

$(Ax2)\quad (A \wedge B) \to A$

$(Ax3)\quad (A \wedge B) \to B$

$(Ax4)\quad ((A \to B) \wedge (A \to C)) \to (A \to (B \wedge C))$

$(Ax5)\quad ((A \to C) \wedge (B \to C)) \to ((A \vee B) \to C)$

$(Ax6)\quad A \to (A \vee B)$

$(Ax7)\quad B \to (A \vee B)$

$(Ax8)\quad (A \wedge (B \vee C)) \to ((A \wedge B) \vee (A \wedge C))$

$(Ax9)\quad \neg\neg A \to A$

分离规则(modus ponens)：$\vdash A \to B$，$\vdash A \Rightarrow \vdash B$

联属规则(adjunction)：$\vdash A$，$\vdash B \Rightarrow \vdash A \wedge B$

缀合规则(affixing)：$\vdash B \to B'$，$\vdash A' \to A$

$$\Rightarrow \vdash (A \to B) \to (A' \to B')$$

逆否规则(contraposition)：$\vdash A \to \neg B \ \Rightarrow \vdash B \to \neg A$①

在系统 B 中有一条重要的定理，即相干定理：如果 $A \to B$ 是系统的定理，那么 A 与 B 有共同的命题变项。这样，司各脱法则 $A \wedge \neg A \to B$ 就不是系统 B 中的定理。

实际上，诸多的弗协调逻辑系统所采取的策略都是综合性的，即一般采取的是策略 5 至策略 8。

1.4 逻辑的本质

人类的知识大体上可以分为两类，一类是关于理性的知识，这是独立于人的经验的知识，它可以通过理性分析来获得；一类是关于经验的知识，这是通过后天的活动获得的知识。②逻辑无疑是属于关于理性的知识，它可以通过人类纯粹的理性分析而获得。

逻辑知识既然是理性分析的结果，那么它的创造性就不仅体现在它的应用开发方面，还体现在理论自身的研究方面。著名逻辑学家皮尔斯(C. S. Peirce)认为：

> 逻辑的所有应用加在一起，都无法与宝贵的纯粹逻辑理论本身相比。当你登高望远，一览这门科学的全貌，就会看到，我们眼下享有的逻辑理论，乃是理性视野的极致，天与地都是为这理性而造。③

基于此，本书主要从纯粹理论的角度来提出解决司各脱法则问题的其他策略，建立新的弗协调逻辑系统，并兼而论述有关应用。

逻辑研究抽象的推理结构，正如希尔伯特建议的那样："数学家（或者逻辑学家）不仅应当要考虑那些贴近现实的理论，也应该象在几何学研究

---

① E. D. Mares, R. K. Meyer. Relevant Logic. In L. Goble. *The Blackwell Guide to Philosophical Logic*. Oxford: Blackwell, 2001, pp291~292.

②参见：康德. 纯粹理性批判. 蓝公武译. 北京：商务印书馆, 1960, p27~28.

③转引自：邢滔滔. 数理逻辑. 北京：北京大学出版社, 2008, p1.

中那样，考虑所有逻辑上可能的理论。”[①]弗协调逻辑产生的一个理论动因就是受非欧几何的启发，构造一种新的非经典逻辑。与此类似，如果我们把已经产生的弗协调逻辑称之为经典弗协调逻辑的话，我们也可以构造非经典的弗协调逻辑，只要它是一种逻辑上可能的理论。

非欧几何的产生并不否定欧氏几何，同样非经典逻辑也不否定经典逻辑，只是它们处理的推理结构不同，适用的对象也不同。逻辑一般不断定推理结构的本体是什么，它断定的仅仅是：如果对象是这样的推理结构，那么就应该遵守与此推理结构相应的这样的推理规则；如果对象是那样的推理结构，那么就应该遵守与彼推理结构相应的那样的推理规则。因此，我们建立新的弗协调逻辑也并不以带有先入之见地去努力论证经典弗协调逻辑可能存在的局限性为前提。

理论上存在，实际上也确实存在各种各样的不协调理论，现有的经典弗协调逻辑为解决其中的部分不协调理论的推理问题提供了逻辑工具，但是不协调理论是丰富多彩的，没有也不可能有哪一种或者几种弗协调逻辑可以解决所有的不协调理论的推理问题。基于此，本书的工作是在前人工作的基础上，针对不同的弗协调现象，提出不同的解决策略，建立新的弗协调逻辑，为不协调理论提供更多的适用的推理理论。

1.5 研究内容与结构安排

从 2005 年开始，本人着力于包含不协调信息的认知系统的推理机制研究，至 2012 年左右该研究暂告一段落。本书是对这一研究主题下本人研究成果的一个总结。

本书主要包括三个部分的内容：1.对当关系逻辑研究；2.知识蕴涵逻辑研究；3.消除矛盾的策略研究。

本书的主旨是提出解决不协调理论推理问题的三种策略：第一种策略是不改变人们对于经典否定的理解，在经典逻辑的内部构造出除经典否定之外的其他否定，如反对关系的否定、下反对关系的否定等等，以此来解

① D. Hilbert. Mathematical problems. *Bull American Mathematical Society*, 8, 1902, 437~479, translated by M. W. Nelson from 'Mathematische probleme', *Archiv der Math. u. Phys*. 1, 1901, 44~63 and 213~237. Reprinted in Browder 1976, pp.1~34.

决司各脱法则问题。第二种策略是提出一种更加符合直觉的蕴涵关系，以此来解决司各脱法则问题。这是本书研究的重点，不仅研究建立于这种蕴涵关系之上的命题逻辑系统，而且研究建立于这种蕴涵关系之上的谓词逻辑系统，更进一步，还将这种研究推广到模态逻辑、时态逻辑以及直觉主义逻辑等领域，希望为人们处理不协调理论提供一个适用的、完整的逻辑工具。第三种策略是利用逻辑变换，使得不协调理论变为协调的理论。

本书共分十章：

第一章对弗协调逻辑研究的缘起、历史作一个简要的概述，分析已有解决方法的基本类型和解决策略，提出本书的研究构想。

第二章分析不协调理论中“否定”的不同类型，在经典逻辑的基础上，构建能够描述不同类型否定的逻辑系统。利用表 1.1 中的策略 1 来解决司各脱法则问题。

第三章提出一种更加符合直觉的蕴涵关系，通过一种类似于相干蕴涵的策略来解决司各脱法则问题。

第四章至第七章将第三章中建立的弗协调逻辑拓展到模态逻辑、时态逻辑、直觉主义逻辑和谓词逻辑，构建一个系统的弗协调逻辑理论。

第八章对否定、蕴涵概念进行分析，并从经典逻辑的视角审视弗协调逻辑，以期准确认识各种弗协调逻辑的本质。

第九章提出一种解决不协调理论推理问题的新策略，即通过变换，使不协调的理论成为协调的理论。

第十章初步探讨了弗协调逻辑在计算机科学及人工智能中的应用。

结语是对全书工作的概要总结，也对进一步研究提出一些设想。

第二章　对当关系逻辑

在本章我们将首先分析否定的不同类型。然后分析巴西逻辑学家科斯塔的弗协调逻辑系统，通过分析，可以看出，科斯塔的弗协调逻辑中的否定关系实际上是下反对关系的否定。在此基础上，我们在经典逻辑的基础上直接建立对当关系的逻辑，以此来描述包含下反对关系否定信息的不协调理论的推理机制。

2.1 否定的类型

普利斯特在《弗协调逻辑》中列举了一些包含不协调信息的知识系统的例子：

1．计算机数据库里的信息。

2．波尔(Bohr)的原子理论。它要求束缚电子既释放能量（根据麦克斯韦方程）又不释放能量。

3．某些制度和法律文件。设想一条法规赋予了 A 类人做 x 的权利，同时也禁止了 B 类人做 x 的权利。假定一个人属于这两类人那么问题就出现了。①

马莱斯(E. D. Mares)和梅尔(R. K. Meyer)也给出了一些包含不协调信息的知识系统的例子：

4. 数学基础。从通过无穷级数求和进行的无穷小分析到集合论的矛盾，数学也不断“陷入困境”。

① G. Priest, 2002, “Paraconsistent Logic,” in *Handbook of Philosophical Logic*, Vol.6, D.M. Gabbay and F. Guenthner, eds., pp.290.

5. 不良资料。最近人口普查报告说，美国的已婚妇女比已婚男子多一百万。这不像是真的。

6. 形而上学。芝诺的箭头不总是既飞又停吗？

7. 神学。上帝是三，上帝是一，他算差了二吗？①

分析一下上述的所谓“不协调”信息，可以发现，在这些“不协调信息”中存在着不同的否定：

第一种是矛盾关系的否定，如例 1 中同时属于 A 、B 两类人的 a 既有做 x 的权利，又没有做 x 的权利。对于这种否定，原命题 α 与其否定 $\neg\alpha$ 之间是既不能同真，也不能同假的关系。上述的例 4 也属于这种情形。

第二种是反对关系的否定，如例 7 中上帝是三，上帝是一。对于这种否定，原命题 α 与其否定 $\neg\alpha$ 之间是不能同真，但是可以同假的关系。上帝不可能既是三又是一，但是可以既不是三也不是一。

第三种是下反对关系的否定，如例 2 中的相互否定信息实际上 $p_1 \to q$ 和 $p_2 \to \neg q$ 。对于这种否定，原命题 α 与其否定 $\neg\alpha$ 之间是可以同真，但是不能同假的关系。

由于自然语言中表达的所谓“不协调”信息是基于上述不同的“否定”，因此，不同的弗协调逻辑系统处理“不协调”信息的策略也不相同。下面，我们首先分析科斯塔的弗协调逻辑系统，然后建立一种经典逻辑的扩充系统，在该系统中，可以简洁地处理由下反对关系的否定而造成的不协调信息。

2.2 对当关系逻辑的理论缘起

巴西逻辑学家科斯塔建立了一系列弗协调逻辑系统 $C_n(1 \le n \le \omega)$ 。下面我们以这一系列系统的技术处理为依据来剖析其思想背景，以期正确认识他解决不协调理论推理问题的基本策略。

经典逻辑的否定“～”在语形上遵守反证律 $(\sim A \to B) \to ((\sim A \to \sim B) \to A)$，因此在正命题逻辑系统的基础上可以证明，命题 A 与其经典否定 $\sim A$ 之间有如下关系：

① ［美］罗·格勃尔：《哲学逻辑》，张清宇、陈慕泽译，中国人民大学出版社 2008 年版，第 323 页。

[1] $\vdash A \to \sim(\sim A)$

[2] $\vdash (\sim A) \to \sim A$

[3] $\vdash \sim A \to (\sim A)$

[4] $\vdash \sim(\sim A) \to A$

经典逻辑的否定“～”在语义上遵循如下语义规则：

对于任一语义赋值v，$v(\sim A)=1$当且仅当$v(A)=0$。

具体地说，命题A与其经典否定$\sim A$之间有如下关系：

[1] 若A真，则$\sim A$假；

[2] 若$\sim A$真，则A假；

[3] 若A假，则$\sim A$真；

[4] 若$\sim A$假，则A真。

所以，无论是语形还是语义，命题A与其经典否定$\sim A$之间都存在通常所说的矛盾（既不能同真，也不能同假）关系。

在弗协调逻辑系统$C_n(1 \le n < \omega)$中，弗协调否定“$\neg$”在语形上遵守下列规则：

[1] $A \vee \neg A$

[2] $\neg\neg A \to A$

[3] $B^{(n)} \to ((A \to B) \to ((A \to \neg B) \to \neg A))$

[4] $A^{(n)} \wedge B^{(n)} \to (A \wedge B)^{(n)} \wedge (A \vee B)^{(n)} \wedge (A \to B)^{(n)}$

(其中$A^0 =_{def} \neg(A \wedge \neg A)$；　$A^k =_{def} A^{00\cdots0}$，这里一共有$k$个0，$k$为正整数；$A^{(n)} =_{def} (\cdots((A^1 \wedge A^2) \wedge A^3)\cdots \wedge A^n)$。)

根据定义：$\sim A =_{def} (\neg A \wedge A^{(n)})$，在弗协调逻辑系统$C_n(1 \le n < \omega)$中可以证明：

$(\sim A \to B) \to ((\sim A \to \sim B) \to A)$

对于任一语义赋值v，$v(\sim A)=1$当且仅当$v(A)=0$。

这样，在正命题逻辑系统之上，弗协调逻辑系统$C_n(1 \le n < \omega)$中的符号“～”就获得了经典否定“～”的所有规定。因此，弗协调逻辑系统$C_n(1 \le n < \omega)$中的符号“～”实际可以视为经典否定“～”。根据定义$\sim A =_{def} (\neg A \wedge A^{(n)})$可知，经典否定“～”是弗协调否定“$\neg A$”的加强，而弗协调否定“$\neg A$” 是经典否定“～”的弱化。

在正命题逻辑系统的基础上可以证明，命题 A 与其弗协调否定 $\neg A$ 之间语形上有如下关系：

[1] $\vdash \sim A \to \neg A$

[2] $\vdash \sim \neg A \to A$

弗协调逻辑 $C_n(1 \le n < \omega)$ 中的否定“$\neg$”在语义上遵循如下语义规则：

对于任一语义赋值 v，

[1] 如果 $v(A)=0$，则 $v(\neg A)=1$；

[2] 如果 $v(\neg\neg A)=1$，则 $v(A)=1$，

[3] 如果 $v(B^{(n)})=v(A \to B)=v(A \to \neg B)=1$，则 $v(A)=0$，

[4] 如果 $v(A^{(n)})=v(B^{(n)})=1$，则

$$v((A \wedge B)^{(n)})=v((A \vee B)^{(n)})=v((A \to B)^{(n)})=1。$$

根据这一语义规则，在一赋值 v 下，当 $v(A)=1$ 时，对于弗协调否定公式 $\neg A$ 的值有如下判定程序：

[1] 如果 A 为否定式 $\neg B$。那么当 B 与 $\neg B$ 的值不同时，$\neg A$ 的值为 0；当 B 与 $\neg B$ 的值相同时，那么 $\neg A$ 的值可以为 0，也可以为 1。

[2] 如果 A 为 $B \wedge C$、$B \vee C$ 或 $B \to C$。那么：

(1) 当 A 形如 $D^{n-1} \wedge \neg D^{n-1}$ 或 $\neg D^{n-1} \wedge D^{n-1}$ 时，$\neg A$ 的值为 0；

(2) 当 A 不形如 $D^{n-1} \wedge \neg D^{n-1}$ 或 $\neg D^{n-1} \wedge D^{n-1}$ 时，那么：当 B 和 $\neg B$ 的值不同并且 C 和 $\neg C$ 的值也不同时，$\neg A$ 的值为 0；否则，$\neg A$ 的值可以为 0，也可以为 1。①

由此可见，命题 A 与其弗协调否定 $\neg A$ 之间有如下关系：

[1] 若 A 假，则 $\neg A$ 真；

[2] 若 $\neg A$ 假，则 A 真；

[3] 若 A 真，则 $\neg A$ 可以为真，也可以为假；

[4] 若 $\neg A$ 真，则 A 可以为真，也可以为假。

根据弗协调逻辑系统 $C_n(1 \le n < \omega)$ 相对于上述语义的可靠性定理，可以证明下述语形定理在弗协调逻辑系统 $C_n(1 \le n < \omega)$ 中不成立：

[1] $\vdash A \to \sim \neg A$

① 参见张清宇《弗协调逻辑》，中国社会科学出版社 2003 年版，第 42—43 页。

[2] $\vdash \neg A \rightarrow \sim A$

所以，无论是语形还是语义，在 $C_n(1 \leq n < \omega)$ 中，命题 A 与其弗协调否定 $\neg A$ 之间都存在通常所说的下反对（可以同真，但不能同假）关系。

经典否定“～”是一个一元真值函数。逻辑上讲，二值一元真值函数可能有如下四种，分别用 f_1、f_2、f_3 和 f_4 表示之。它们的真值表是：

表 2.1 一元真值函数

A	$f_1(A)$	$f_2(A)$	$f_3(A)$	$f_4(A)$
1	1	1	0	0
0	1	0	1	0

实际上 f_1 和 f_4 是一元常函数，f_2 是一元恒等函数，而 f_3 就是经典否定“～”。因此，弗协调否定“¬”根本就不是二值一元真值函数。

科斯塔在上述弗协调语义之外还提出了弗协调逻辑 $C_n(1 \leq n < \omega)$ 的一个三值逻辑语义①：

表 2.2 弗协调逻辑 C_n 三值语义

B \ A	$A \wedge B$			$A \vee B$			$A \rightarrow B$			$\neg A$
	1	2	3	1	2	3	1	2	3	
1	1	1	3	1	1	1	1	1	3	3
2	1	1	3	1	1	1	1	1	3	1
3	3	3	3	1	1	3	1	1	1	1

其中，1 和 2 是特征值。不难看出，在此语义下，弗协调否定“¬”是一个三值一元真值函数。但是，如果我们将特征值类比为二值的“真”的话，在 $C_n(1 \leq n < \omega)$ 中命题 A 与其弗协调否定 $\neg A$ 之间存在着的仍然是通常所说的下反对关系。

不矛盾律说的是一对互相否定的命题不能都是真的。由于经典否定和

① da Costa NCA. On the theory of inconsistent formal systems, *Notre Dame Journal of Formal Logic*, Volume 15, Number 4, October 1974. pp. 499~450.

弗协调否定的不同，因此它们在经典逻辑和弗协调逻辑 $C_n(1 \le n < \omega)$ 中的形式是不同的。在经典逻辑中，不矛盾律的形式是：$\sim(A \wedge \sim A)$；在弗协调逻辑 $C_n(1 \le n < \omega)$ 中，不矛盾律的形式是：$\neg(A \wedge \neg A)$。由于在经典逻辑中，命题 A 与其否定 $\sim A$ 之间是矛盾关系，因此不矛盾律 $\sim(A \wedge \sim A)$ 不可能不普遍有效；由于在弗协调逻辑 $C_n(1 \le n < \omega)$ 中，命题 A 与其否定 $\neg A$ 之间是下反对关系，A 和 $\neg A$ 可以同真，因此 $A \wedge \neg A$ 可以真，在此情况下作为 $A \wedge \neg A$ 的下反对关系不矛盾律 $\neg(A \wedge \neg A)$ 当然可以是真的，也可以是假的。所以在弗协调逻辑 $C_n(1 \le n < \omega)$ 中不矛盾律 $\neg(A \wedge \neg A)$ 就不是普遍有效的。

但是，在弗协调逻辑 $C_n(1 \le n < \omega)$ 中不矛盾律 $\neg(A \wedge \neg A)$ 不是普遍有效的决不意味着经典逻辑中不矛盾律 $\sim(A \wedge \sim A)$ 是无效的。实际上，从上述分析可以看出，站在经典逻辑的立场，弗协调逻辑 $C_n(1 \le n < \omega)$ 中不矛盾律 $\neg(A \wedge \neg A)$ 不是普遍有效的，在经典逻辑中也是可以合理解释的。因为在经典逻辑中，$\neg(A \wedge \neg A)$ 表示的也仅仅是一对下反对关系命题合取之下的反对关系命题，这当然不是普遍有效的。例如，在经典命题逻辑中，$p \vee q$ 和 $\sim p \vee \sim q$ 就是一对下反对关系的命题，作为它们的合取 $(p \vee q) \wedge (\sim p \vee \sim q)$ 之下反对关系命题 $p \to q$ 或 $\sim p \to \sim q$ 都不是普遍有效的。

与不矛盾律相关的是在弗协调逻辑 $C_n(1 \le n < \omega)$ 中，$A \wedge \neg A$ 可以是真的。这就是弗协调逻辑学者所说的在弗协调逻辑 $C_n(1 \le n < \omega)$ 中"容忍矛盾"。其实，站在经典逻辑的立场看，$A \wedge \neg A$ 表示的也仅仅是一对下反对关系的命题之合取可以是真的，这在经典逻辑中也显然如此。

弗协调逻辑的基本出发点之一是限制矛盾的作用范围，使它不危害整个理论（这里的矛盾一般应理解为经典逻辑的矛盾，否则的话，如果把矛盾理解为 $A \wedge *A$，其中 $*A$ 是 A 的否定，但不是经典的否定，那么，只要 $*A$ 和 A 可以同真，则 $A \wedge *A \to B$ 在经典逻辑中就已经不是有效式了。那么经典逻辑就已经可以达到将"矛盾" $A \wedge *A$ 圈起来的效果，而无须新创一套别的逻辑系统）。那么弗协调逻辑系统 $C_n(1 \le n < \omega)$ 实现了这一目标了吗？

在弗协调逻辑系统 $C_n(1 \le n < \omega)$ 中，$A \wedge \neg A \to B$ 不是定理，但是如上所述，在语义上这仅仅表示的是由下反对关系命题的合取不能

推出所有命题。在弗协调逻辑 $C_n(1 \le n < \omega)$ 中，真正需要圈起来的矛盾是 $A \wedge \sim A$。需要取消其有效性，避免矛盾带来爆炸性结果的是定理：$\vdash A \wedge \sim A \to B$。但这一定理在弗协调逻辑系统 $C_n(1 \le n < \omega)$ 中恰恰是成立的。

因此，弗协调逻辑系统 $C_n(1 \le n < \omega)$ 并不能称为真正意义上的弗协调逻辑。在防止矛盾带来爆炸性结果方面，其实亚里士多德的三段论系统就是一个典范。因为在亚里士多德的三段论系统中，要求有且只有三个词项，而结论中的两个词项必定在前提中出现过，因此不论前提是什么样的两个前提，结论都不会是任意的，所以 $A \wedge \sim A \to B$ 在亚里士多德三段论系统中不可能是一个有效式，当然爆炸性结果就不会出现。

尽管弗协调逻辑系统 $C_n(1 \le n < \omega)$ 不是真正意义上的弗协调逻辑，但是它作为一个非经典逻辑系统，其理论意义是非常巨大的。

为了阐明这一点，我们有必要简单地考察一下直觉主义逻辑的否定。

在直觉主义逻辑系统中，直觉主义否定"$\neg$"在语义上遵循如下语义规则：

直觉主义模型 $\mathfrak{M}$ 是一个三元组 $<W, \le, \sigma>$，其中：

[1] $W \ne \varnothing$；

[2] $\le$ 是 W 上的自返且传递关系；

[3] 对于任一命题变元 p，任意的 w_1、$w_2 \in W$，如果 $w_1 \le w_2$ 且 $\sigma(p, w_1)=1$，则 $\sigma(p, w_2)=1$；

[4] $\sigma(\neg A, w_1)=1$ 当且仅当任给 $w_2 \in W$，如果 $w_1 \le w_2$，则 $\sigma(A, w_2)=0$。

根据这一语义规则不难看出命题 A 与其直觉主义否定 $\neg A$ 之间基本上有如下关系：

[1] 若 $\sigma(A, w)=1$，则 $\sigma(\neg A, w)=0$；

[2] 若 $\sigma(\neg A, w)=1$，则 $\sigma(A, w)=0$；

[3] 若 $\sigma(A, w)=0$，则 $\sigma(\neg A, w)$ 可以为 1，也可以为 0;

[4] 若 $\sigma(\neg A, w)=0$，则 $\sigma(A, w)$ 可以为 1，也可以为 0。

所以，命题 A 与其直觉主义否定 $\neg A$ 之间存在着通常所说的上反对（可以同假，但不能同真）关系。

比较一下经典逻辑、直觉主义逻辑和弗协调逻辑 $C_n(1 \le n < \omega)$ 可以

发现，它们在正命题逻辑系统方面基本上没有区别。主要的区别是对于否定的规定不同：经典逻辑中命题 A 与其否定 $\sim A$ 是矛盾关系，直觉主义逻辑中命题 A 与其否定 $\neg A$ 是上反对关系，弗协调逻辑 $C_n(1 \leq n < \omega)$ 中命题 A 与其否定 $\neg A$ 是下反对关系。因此，在此意义上，我们可以称经典逻辑为矛盾关系逻辑，直觉主义逻辑为上反对关系逻辑，弗协调逻辑 $C_n(1 \leq n < \omega)$ 为下反对关系逻辑[119]。

直觉主义逻辑和弗协调逻辑 $C_n(1 \leq n < \omega)$ 之与经典逻辑的意义正如非欧几何与欧氏几何的意义一样重大。

由于弗协调逻辑 $C_n(1 \leq n < \omega)$ 在初始概念"否定 $\neg$ "上就与人们通常（经典逻辑意义）理解的不一样，因此弗协调逻辑 $C_n(1 \leq n < \omega)$ 中的"矛盾"、"不矛盾律"等都不是人们通常理解的意义。既然人们一般把否定理解为矛盾关系，弗协调逻辑 $C_n(1 \leq n < \omega)$ 在用词上确实存在一种误导的隐患。

因此，出于"正名"的需要，建议在科斯塔弗协调逻辑中：

[1] A 的否定命题 $\neg A$ 改称为：A 的下反对关系命题 $\neg A$；①

[2] 矛盾 $A \wedge \neg A$ 改称为：一对下反对关系命题的合取；

[3] 不矛盾律 $\neg(A \wedge \neg A)$ 改称为：下反对关系命题的合取命题之下反对关系命题；

[4] 强调 $A \wedge \neg A \rightarrow B$ 不普遍有效仅仅意味着：下反对关系命题的合取不能推出所有命题；

[5] 如果把经典逻辑称为矛盾关系逻辑，则弗协调逻辑系统 $C_n(1 \leq n < \omega)$ 可称为下反对关系逻辑。

顺便建议在直觉主义逻辑中：

[1] A 的否定命题 $\neg A$ 改称为：A 的上反对关系命题 $\neg A$；

[2] 排中律 $A \vee \neg A$ 改称为：上反对关系命题的析取命题；

[3] 强调 $B \rightarrow A \vee \neg A$ 不普遍有效仅仅意味着：上反对关系命题的析取不能由任一命题推出；

[4] 如果把经典逻辑称为矛盾关系逻辑，则直觉主义逻辑可称为上反对关系逻辑。

---

① B. H. Slater, Paraconsistent logic? *Journal of Philosophical Logic*, 1995, 24:451~454.

2.3 对当关系逻辑

通过上面的分析，我们可以看出，科斯塔的弗协调逻辑中的否定关系实际上是一种特殊的下反对关系。下面我们在经典逻辑系统的基础上直接建立刻画各种对当关系的逻辑系统。

在直觉主义逻辑系统内，对于构造性否定算子$\neg$有下述两条定理：

[1] $A \wedge \neg A$ 不可满足；

[2] $A \vee \neg A$ 不普遍有效。

人们通常据此认为：在直觉主义逻辑系统中，构造性否定算子$\neg$遵守不矛盾律而不遵守排中律。

在科斯塔的弗协调逻辑系统内，对于弗协调否定算子$\neg$有下述两条定理：

[1] $A \wedge \neg A$ 可满足；

[2] $A \vee \neg A$ 普遍有效。

人们通常据此认为：在科斯塔的弗协调逻辑系统中，弗协调否定算子$\neg$遵守排中律而不遵守不矛盾律。

直觉主义逻辑和科斯塔的弗协调逻辑都是撇开经典否定算子而在正命题逻辑的基础上直接引入新的否定算子而建立逻辑系统的。下面我们来建立对当关系逻辑系统，在经典逻辑系统基础上构建满足上述条件的构造性否定算子和弗协调否定算子。

对当关系逻辑的形式语言L是在经典命题逻辑形式语言的基础上增加一元联结符“$*$”而得到的。

公式的形成规则中增加下面一条规则：如果A是公式，则$*A$是公式。并在形式语言中增加如下两个定义符号：

$\triangle A =_{def} * \neg A$

$\triangledown A =_{def} \neg * A$

其中，一元联结符$\triangle$称为弗协调联结符，一元联结符$\triangledown$称为直觉主义联结符。

对当关系逻辑的公理系统是在经典命题逻辑系统中增加一条公理而形成。包括如下公理模式和推理规则：

(Ax1) $A \rightarrow (B \rightarrow A)$

(Ax2) $(A\rightarrow(B\rightarrow C))\rightarrow((A\rightarrow B)\rightarrow(A\rightarrow C))$

(Ax3) $(\neg A\rightarrow B)\rightarrow((\neg A\rightarrow\neg B)\rightarrow A)$

(Ax4) $A\wedge B\rightarrow A$

(Ax5) $A\wedge B\rightarrow B$

(Ax6) $A\rightarrow(B\rightarrow A\wedge B)$

(Ax7) $A\rightarrow A\vee$

(Ax8) $B\rightarrow A\vee$

(Ax9) $(A\rightarrow C)\rightarrow((B\rightarrow C)\rightarrow(A\vee B\rightarrow$

(Ax10) $A\rightarrow *A$

推理规则（分离规则 MP ）：从 A 和 $A\rightarrow B$ 可推出 B 。

定义 2.3.1　公式 A 由公式集 Σ 形式可推演，当且仅当存在公式序列

$$A_1，A_2，\cdots\cdots，A_{n-1}，A_n$$

使得 $A_n=A$ ，并且每一个 $A_k(1\leq k\leq n)$ 满足下列条件之一：

[1] A_k 是公理；

[2] $A_k\in\Sigma$ ；

[3] 有 i ， $j<k$ ，使得 $A_i=A_j\rightarrow A_k$ 。

如果公式 A 由公式集 Σ 形式可推演，则称 Σ 可推演出 A ，符号记为 $\Sigma\vdash A$ 。

定义 2.3.2　如果公式 A 由 $\varnothing$ 形式可推演，则称公式 A 是可证明的。由 $\varnothing$ 到 A 形式可推演的一个公式序列称为公式 A 的一个证明。如果公式 A 是可证明的，则称公式 A 为对当关系逻辑系统的定理，符号记为 $\vdash A$ 。

显然，经典命题逻辑的定理在对当关系逻辑中依然成立。所以，在下面定理的证明中将直接使用经典命题逻辑的定理（简记为 PTh ）。

在对当关系逻辑中有如下定理：

定理 2.3.1 $\vdash\neg *A\rightarrow\neg A$

定理 2.3.2 $\vdash\neg A\rightarrow\triangle A$

定理 2.3.3 $\vdash\neg\triangle A\rightarrow A$

定理 2.3.4 $\vdash A\rightarrow\neg\triangledown A$

定理 2.3.5 $\vdash\triangledown A\rightarrow\neg A$

定理 2.3.6 $\vdash A\wedge\triangledown A\rightarrow B$

证明：

1	$\triangledown A\to\neg A$	定理 2.3.5
2	$A\wedge\triangledown A\to A\wedge\neg A$	1 PTh
3	$A\wedge\neg A\to B$	PTh
4	$A\wedge\triangledown A\to B$	2、3 PTh

定理 2.3.7 $\vdash A\vee\triangle A$

证明：

1	$A\vee\neg A$	PTh
2	$A\to A\vee *\neg A$	$(Ax7)$
3	$\neg A\to *\neg A$	$(Ax10)$
4	$*\neg A\to A\vee *\neg A$	$(Ax8)$
5	$\neg A\to A\vee *\neg A$	3、4 PTh
6	$(A\to A\vee *\neg A)\to((\neg A\to A\vee *\neg A)\to(A\vee\neg A\to A\vee *\neg A))$	$(Ax9)$
7	$(\neg A\to A\vee *\neg A)\to(A\vee\neg A\to A\vee *\neg A)$	2、6 MP
8	$A\vee\neg A\to A\vee *\neg A$	5、7 MP
9	$A\vee *\neg A$	1、8 MP
10	$A\vee\triangle A$	9 △定义

定理 2.3.8

[1] $\vdash(A\to B)\to((A\to\triangledown B)\to\neg A)$

[2] $\vdash(\neg A\to B)\to((\neg A\to\triangledown B)\to A)$

[3] $\vdash(A\to B)\to((A\to\triangledown B)\to(A\to\triangledown A))$

[4] $\vdash(\triangledown A\to B)\to((\triangledown A\to\triangledown B)\to(\triangledown A\to A))$

证明：[1]、[2]、[4] 略。

[3]

1	$\triangledown B\to\neg B$	定理 2.3.5
2	$(A\to\triangledown B)\to(A\to\neg B)$	1 PTh
3	$(A\to B)\to((A\to\neg B)\to(A\to B\wedge\neg B))$	PTh
4	$(A\to B)\to((A\to\triangledown B)\to(A\to B\wedge\neg B))$	2、3 PTh
5	$B\wedge\neg B\to\triangledown A$	PTh

6　$(A \to B) \to ((A \to \triangledown B) \to (A \to \triangledown A))$　4、5　PTh

定义 2.3.3　对当关系逻辑的一个赋值v是以所有公式的集$Form(L)$为定义域、以$\{0,1\}$为值域的一个函数，并满足下列条件：

[1] $v(\neg A)=1$，当且仅当，$v(A)=0$；

[2] 如果$v(*A)=0$，那么$v(A)=0$；

[3] $v(A \wedge B)=1$，当且仅当，$v(A)=v(B)=1$；

[4] $v(A \vee B)=1$，当且仅当，$v(A)=1$或者$v(B)=1$；

[5] $v(A \to B)=1$，当且仅当$v(A)=0$或者$v(B)=1$。

可以证明：

定理 2.3.9　设A为任一公式，v是一对当关系逻辑赋值，则

[1] 如果$v(A)=0$，那么$v(\triangle A)=1$；

[2] 如果$v(A)=1$，那么$v(\triangledown A)=0$。

定义 2.3.4　称一对当关系逻辑赋值v为公式集Γ的模型，当且仅当，对Γ中任一公式A有$v(A)=1$；称A为Γ的语义后承，记作$\Gamma \models A$，当且仅当，Γ的任一模型都使得$v(A)=1$；　$\varnothing \models A$简记为$\models A$，此时对任一个赋值v都有$v(A)=1$，因而也称A为有效的。

定理 2.3.10　设A为任意的对当关系逻辑公式，则

[1] $\models \triangledown \triangle A \to A$；

[2] $\models A \to \triangle \triangledown A$；

[3] $\models (A \to B) \to (\triangledown B \to \triangle A)$

[4] $\models (A \to \triangledown B) \to (B \to \triangle A)$

[5] $\models (\triangle A \to B) \to (\triangledown B \to A)$

[6] $\models (\triangle A \to \triangledown B) \to (B \to A)$

[7] $\models (A \to B) \to ((A \to \triangledown B) \to \triangle A)$

[8] $\models (\triangle A \to B) \to ((\triangle A \to \triangledown B) \to A)$

证明：

[1] 假设$\models \triangledown \triangle A \to A$不成立，则存在对当关系逻辑赋值$v$使得

(1)　$v(\triangledown \triangle A \to A)=0$

由(1)可得：

(2)　$v(\triangledown \triangle A)=1$

(3)　$v(A)=0$

由(2)可得：

$$(4)\ \ v(\triangle A)=0$$

由(4)可得：

$$(5)\ \ v(A)=1$$

(3)、(5)矛盾。所以假设不成立。因此$\models\triangledown\triangle A\to A$。

[2]、[3]、[4]、[5]、[6]略。

定理 2.3.11 设A、B为任意的对当关系逻辑公式，则下列公式都不是对当关系逻辑的有效式：

[1] $*A\to A$

[2] $A\to\neg\triangle A$

[3] $\neg A\to\triangledown A$

[4] $A\wedge\triangle A\to B$

[5] $A\wedge *A\to B$

[6] $A\vee\triangledown A$

[7] $A\vee *A$

[8] $\triangledown(A\wedge\triangledown A)$

[9] $*(A\wedge *A)$

[10] $\triangle(A\wedge\triangle A)$

[11] $(A\to B)\to((A\to *B)\to *A)$

[12] $(*A\to B)\to((*A\to *B)\to A)$

[13] $(A\to B)\to((A\to\triangle B)\to\triangle A)$

[14] $(\triangle A\to B)\to((\triangle A\to\triangle B)\to A)$

[15] $(A\to B)\to((A\to\triangledown B)\to\triangledown A)$

[16] $(\triangledown A\to B)\to((\triangledown A\to\triangledown B)\to A)$

定理 2.3.12 对当关系逻辑的公理都是有效的。

定理 2.3.13 如果$\Sigma\models A$并且$\Sigma\models A\to B$，那么$\Sigma\models B$。

定理 2.3.14（对当关系逻辑可靠性定理） 设Σ为任一公式集，A为任一公式，则

[1] 如果$\Sigma\vdash A$，那么$\Sigma\models A$；

[2] 如果$\vdash A$，那么$\models A$。

定义 2.3.5 令Γ为一公式集，

[1] $\bar{\Gamma} =_{def} \{A \in Form(L): \Gamma \vdash A\}$；

[2] 称Γ为协调的，当且仅当，$\bar{\Gamma} \neq Form(L)$，否则，称$\Gamma$为不协调的；

[3] 称一协调集Γ为极大的，当且仅当，Γ是协调的，并且对任一公式A，如果$A \notin \Gamma$，则$\Gamma \cup \{A\}$是不协调的；

定理 2.3.15　如果Γ是极大协调的，那么：

[1] $\Gamma \vdash A \Leftrightarrow A \in \Gamma$；

[2] $A \in \Gamma$，当且仅当，$\neg A \notin \Gamma$；

[3] 如果$A \in \Gamma$，那么$*A \in \Gamma$；

[4] 如果$A \notin \Gamma$，那么$\triangle A \in \Gamma$；

[5] 如果$A \in \Gamma$，那么$\triangledown A \notin \Gamma$；

[6] $A \wedge B \in \Gamma$，当且仅当，$A \in \Gamma$并且$B \in \Gamma$；

[7] $A \vee B \in \Gamma$，当且仅当，$A \in \Gamma$或者$B \in \Gamma$；

[8] $A \to B \in \Gamma$，当且仅当，$A \notin \Gamma$或者$B \in \Gamma$。

证明：选证[1]、[3]、[4]、[5]，其他略。

[1] $\Leftarrow$显然成立。

再证$\Rightarrow$。设$\Gamma \vdash A$，但是$A \notin \Gamma$。因为Γ是极大协调集，所以$\Gamma \cup \{A\} \vdash C \wedge \neg C$。因此有：

1　$\Gamma \vdash A \to C \wedge \neg C$

2　$\Gamma \vdash \neg(C \wedge \neg C) \to \neg A$

3　$\Gamma \vdash \neg(C \wedge \neg C)$

4　$\Gamma \vdash \neg A$

5　$\Gamma \vdash A$

6　$\Gamma \vdash A \wedge \neg A$

7　$\Gamma \vdash A \wedge \neg A \to B$

8　$\Gamma \vdash B$

这样，Γ就不协调。这与Γ是极大协调集相矛盾。因此假设不成立。

[3] 如果$A \in \Gamma$，那么$\Gamma \vdash A$。又因为$\Gamma \vdash A \to *A$，所以有$\Gamma \vdash *A$，根据本定理[1]可得：$*A \in \Gamma$。

[4] 如果$A \notin \Gamma$，那么根据定理 2.3.3 和本定理[1]可得：$\neg \triangle A \notin \Sigma$，再由本定理[2]可得：$\triangle A \in \Sigma$。

[5] 如果$A \in \Gamma$，那么根据定理 2.3.4 和本定理[1]可得：$\neg \nabla A \in \Gamma$，再由本定理[2]可得：$\nabla A \notin \Gamma$。

定理 2.3.16 设Γ是一极大协调集，对任一公式A，令

$$v^{\circ}(A)=1 \text{ 当且仅当 } A \in \Gamma \text{ 。}$$

则v°是一对当关系逻辑赋值。即v°是极大协调集Γ的模型。

定理 2.3.17 任一协调的公式集Γ均可扩充为极大协调的。

定理 2.3.18 任一协调的公式集Γ均有模型。

定理 2.3.19（对当关系逻辑完全性定理） 设Σ为任一公式集，A为任一公式，则

[1] 如果$\Sigma \models A$，那么$\Sigma \vdash A$；

[2] 如果$\models A$，那么$\vdash A$。

证明：

[1]如果$\Sigma \models A$，则$\Gamma \cup \{\neg A\}$没有模型。所以$\Gamma \cup \{\neg A\}$不协调。因此有：

1 $\Gamma \cup \{\neg A\} \vdash C \wedge \neg C$

2 $\Gamma \vdash \neg A \to C \wedge \neg C$

3 $\Gamma \vdash \neg(C \wedge \neg C) \to \neg\neg A$

4 $\Gamma \vdash \neg(C \wedge \neg C)$

5 $\Gamma \vdash \neg\neg A$

6 $\Gamma \vdash \neg\neg A \to A$

7 $\Gamma \vdash A$

[2] 当Σ为$\varnothing$时，由[1]直接可得。

在对当关系逻辑中，对于一元联结符$\neg$来说，A与$\neg A$之间有下列关系成立：

对于任一对当关系逻辑的赋值v，如果$v(A)=1$，那么$v(\neg A)=0$；如果$v(\neg A)=0$，那么$v(A)=1$；如果$v(A)=0$，那么$v(\neg A)=1$；如果$v(\neg A)=1$，那么$v(A)=0$。所以，A与$\neg A$之间是矛盾关系。

对于一元联结符$*$来说，A与$*A$之间有下列关系成立：

对于任一对当关系逻辑的赋值v，如果$v(A)=1$，那么$v(*A)=1$；如果$v(*A)=0$，那么$v(A)=0$；如果$v(A)=0$，那么$v(*A)=1$或者$v(*A)=0$；如果$v(*A)=1$，那么$v(A)=1$或者$v(A)=0$。所以，A与$*A$之间是差等关系。

对于一元联结符▽来说，A 与▽ A 之间有下列关系成立：

对于任一对当关系逻辑的赋值 v，如果 $v(A)=1$，那么 $v(\triangledown A)=0$；如果 $v(\triangledown A)=1$，那么 $v(A)=0$；如果 $v(A)=0$，那么 $v(\triangledown A)=1$ 或者 $v(\triangledown A)=0$；如果 $v(\triangledown A)=0$，那么 $v(A)=1$ 或者 $v(A)=0$。所以，A 与▽ A 之间是上反对关系。

对于一元联结符△来说，A 与△ A 之间有下列关系成立：

对于任一对当关系逻辑的赋值 v，如果 $v(A)=0$，那么 $v(\triangle A)=1$；如果 $v(\triangle A)=0$，那么 $v(A)=1$；如果 $v(A)=1$，那么 $v(\triangle A)=1$ 或者 $v(\triangle A)=0$；如果 $v(\triangle A)=1$，那么 $v(A)=1$ 或者 $v(A)=0$。所以，A 与△ A 之间是下反对关系。

定理 2.3.20

[1] $A\wedge\neg A$ 不可满足；

[2] $A\vee\neg A$ 有效；

[3] $A\wedge\triangledown A$ 不可满足；

[4] $A\vee\triangledown A$ 不有效；

[5] $A\wedge\triangle A$ 可满足；

[6] $A\vee\triangle A$ 有效；

[7] $A\wedge *A$ 可满足；

[8] $A\vee *A$ 不有效。

在对当关系逻辑系统中：因为 $A\wedge\neg A$ 是没有模型的，$A\vee\neg A$ 是有效式，所以一元联结符¬既符合不矛盾律又符合排中律；因为 $A\wedge\triangledown A$ 是没有模型的，$A\vee\triangledown A$ 不是有效式，所以一元联结符▽符合不矛盾律但不符合排中律；因为 $A\wedge\triangle A$ 有模型，$A\vee\triangle A$ 是有效式，所以一元联结符△不符合不矛盾律但符合排中律；因为 $A\wedge *A$ 有模型，$A\vee *A$ 不是有效式，所以一元联结符∗既不符合不矛盾律也不符合排中律。

一般把不矛盾律在其中不普遍有效的逻辑系统称为弗协调逻辑系统，所以我们将一元联结符△称为弗协调联结符；一般把排中律在其中不普遍有效的逻辑系统称为直觉主义逻辑系统，所以我们将一元联结符▽称为直觉主义联结符；一元联结符∗既不符合不矛盾律也不符合排中律，所以可以说，∗既是弗协调联结符也是直觉主义联结符。因此，对当关系逻辑可以作为不协调理论和直觉主义理论的逻辑工具。

因为$A\wedge \triangle A\to B$和$A\wedge *A\to B$均不是对当关系逻辑系统中的有效式，所以著名的司各脱法则对于一元联结符△和∗均不成立。

2.4 对当关系逻辑的判定问题

下面我们证明对当关系逻辑的判定定理，并给出几种判定程序。

2.4.1 分支真值表

定义 2.4.1　$Subform(A)$称为公式A的子公式集。

[1] 如果$A\in Atom(L)$，则$Subform(A)=\{A\}$；

[2] 如果$A=(\odot B)$，则$Subform(A)=Subform(B)\bigcup\{(\odot B)\}$；

[3] 如果$A=(B\circ C)$，则

$Subform(A)=Subform(B)\bigcup Subform(C)\bigcup\{(B\circ C)\}$。

其中$\odot B$指的是$\neg B$或$*B$，$B\circ C$指的是$B\to C$、$B\wedge C$或$B\vee C$。如果 $B\in Subform(A)$，则称B为A的子公式。

定义 2.4.2　公式A的复杂度指的是A中所含联结词的数目。

定义 2.4.3　公式A的分支真值表指的是按照下述步骤构造出来的反映A的可能真值情况的图表。

构造公式A的分支真值表主要包括以下两个步骤：

第一步　列出A中出现的所有命题符，并列出这些命题符的各种真值组合。例如，假如公式A中只有两个命题符p_0和p_1，那么它们的真值组合情形如下：

表 2.3　分支真值表 1

p_1	p_2
1	1
1	0
0	1
0	0

第二步 按照子公式的复杂度由小到大依次列出公式 A 的所有子公式（相同复杂度的子公式按照字母序或者下标序排列），并按照下述规则列出它们的值：

[1] 对于联结词 $\neg$、$\rightarrow$、$\wedge$ 和 $\vee$，计算方法和经典真值表一样；

[2] 子公式形如 $*B$，如果 B 的值为 1，则 $*B$ 在该行的值为 1；如果 B 的值为 0，则将该行分裂为两行，其中第一行 $*B$ 的值为 1，第二行 $*B$ 的值为 0。

例如公式 A：$(p_1 \rightarrow \neg * p_2) \rightarrow (p_2 \rightarrow * \neg p_1)$ 的分支真值表为：

表 2.4 分支真值表 2

p_1	p_2	$\neg p_1$	$* p_2$	$*\neg p_1$	$\neg * p_2$	$p_1 \rightarrow \neg * p_2$	$p_2 \rightarrow * \neg p_1$	A
1	1	0	1	1	0	0	1	1
				0	0	0	0	1
1	0	0	1	1	0	0	1	1
				0	0	0	1	1
			0	1	1	1	1	1
				0	1	1	1	1
0	1	1	1	1	0	1	1	1
0	0	1	1	1	0	1	1	1
			0	1	1	1	1	1

根据对当关系逻辑的定义，公式 A 就是 $(p_1 \rightarrow \triangledown p_2) \rightarrow (p_2 \rightarrow \triangle p_1)$。

定理 2.4.1 对当关系逻辑是可判定的。

证明：

[1] 设 A 是任一对当关系逻辑公式，v 是任一对当关系逻辑赋值。令

$$v_A = v \mid_{Subform(A)}$$

那么有：对于任一公式 $B \in Subform(A)$，$v_A(B) = v(B)$，特别地，$v_A(A) = v(A)$。

给定公式 A 的一个分支真值表 Q，对于 Q 中的第 $k(k \geq 2)$ 行，有一个映射 Q_k：

$$Subform(A) \rightarrow \{0, 1\}$$

使得当 $B \in Subform(A)$ 时，$Q_k(B)$ 等于 B 在第 k 行的值。

可以证明，对于任一赋值 v，总存在一个 Q_k，$Q_k = v_A$。

[2] 对于任一 Q_k，我们可以按照下面的方式将它扩张成一个从 $Form(L)$ 到 $\{0, 1\}$ 的映射 $\overline{Q_k}$：

对于任一对当关系逻辑公式 B，

(1) 当 $B \in Subform(A)$ 时，$\overline{Q_k} = Q_k(B)$；

(2) 当 $B \notin Subform(A)$ 时，

① 如果 $B \in Atom(L)$，那么 $\overline{Q_k}(B) = 1$；

② 如果 $B = {*}C$，那么 $\overline{Q_k}\ (B) = 1$ 当且仅当 $\overline{Q_k}(C) = 1$。

容易验证，映射 $\overline{Q_k}$ 具有下述性质：

(1) $\overline{Q_k}(\neg B) = 1 \Leftrightarrow \overline{Q_k}(B) = 0$；

(2) $\overline{Q_k}(B) = 1 \Rightarrow \overline{Q_k}({*}B) = 1$；

(3) $\overline{Q_k}(B \to C) = 1 \Leftrightarrow \overline{Q_k}(B) = 0$ 或者 $\overline{Q_k}(C) = 1$；

(4) $\overline{Q_k}(B \wedge C) = 1 \Leftrightarrow \overline{Q_k}(B) = 1$ 并且 $\overline{Q_k}(C) = 1$ ；

(5) $\overline{Q_k}(B \vee C) = 1 \Leftrightarrow \overline{Q_k}(B) = 1$ 或者 $\overline{Q_k}(C) = 1$。

可以证明 $\overline{Q_k}$ 是一个对当关系逻辑赋值，并且 $\overline{Q_k} \mid_{Subform(A)} = (\overline{Q_k})_A = Q_k$。

[3] 当分支真值表 Q 中最后一列只含有 1 时，根据[1]可知，任一赋值 v 到 $Subform(A)$ 上的限制 v_A 都等于某个 Q_k，$v(A) = v_A(A) = Q_k(A) = 1$。因此，$A$ 在任一赋值下的值都是 1，即 A 是有效式，根据对当关系逻辑的完全性定理可知 A 是对当关系逻辑的定理。

当 A 为对当关系逻辑的定理时，根据对当关系逻辑的可靠性定理可知，A 在任一对当关系逻辑赋值下的值都是 1，当然对各个 $\overline{Q_k}$ 也有 $\overline{Q_k}(A) = 1$，从而有 $Q_k(A) = (\overline{Q_k})_A(A) = \overline{Q_k}(A) = 1$。所以在 Q 中最后一列只含有 1。

所以，一对当关系逻辑公式 A 是对当关系逻辑的定理，当且仅当，A 的分支真值表 Q 中最后一列只含有 1。即分支真值表是一个判定任一对当关系逻辑公式是否是对当关系逻辑定理的判定程序。

2.4.2 分支归谬赋值法

分支归谬赋值法的基本思想和经典的归谬赋值法是基本一致的：为了判定任一对当关系逻辑公式 A 是否是有效式，先假设 A 不是有效式，那么由此可以断定存在一个对当关系逻辑赋值 v 使得 A 假。根据对当关系逻辑的赋值定义，我们可以求出公式 A 中每个子公式的赋值。如果在这个赋值中，必须给同一子公式既赋值为真，又赋值为假，即出现矛盾，那么说明假设不成立，由此我们可以断定公式 A 是有效式；如果在这个赋值中，没有出现矛盾，也就是说找到了一个对当关系逻辑赋值，使得 A 假，那么由此我们可以断定公式 A 不是有效式。

分支归谬赋值法的基本思想和经典的归谬赋值法的不同之处在于：如果遇到 $v(A)=0$，那么求 $v(*A)$ 的值时将分为两种情况来考虑，一种是让 $v(*A)=1$，一种是让 $v(*A)=0$；如果遇到 $v(*A)=1$，那么求 $v(A)$ 的值时也将分为两种情况来考虑，一种是让 $v(A)=1$，一种是让 $v(A)=0$。

例如：用分支归谬赋值法判定 $(*\neg A\to B)\to((*\neg A\to\neg *B)\to A)$ 是否是有效式。

表 2.5　分支归谬赋值表 1

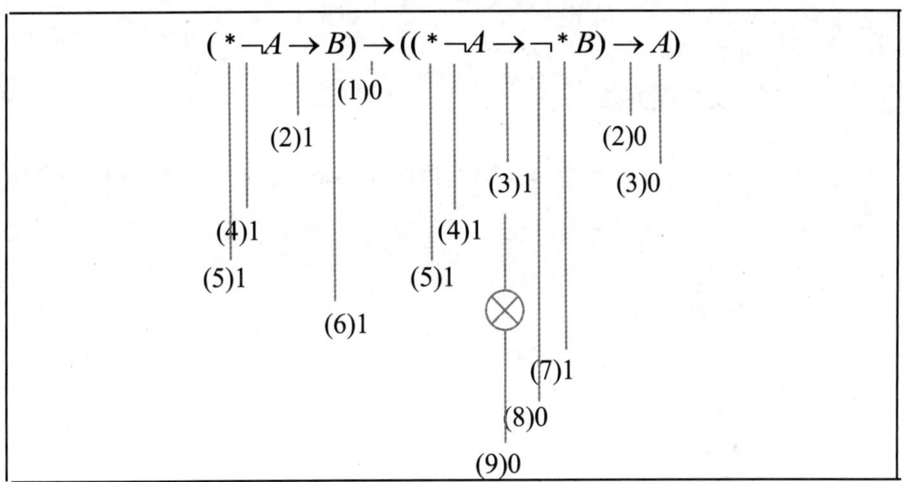

(3)和(9)矛盾，因此 $(*\neg A\to B)\to((*\neg A\to\neg *B)\to A)$ 是有效式。

再如：用分支归谬赋值法判定 $(\neg A\to\neg B)\to((\neg A\to *B)\to A)$ 是否是有效式。

表 2.6　分支归谬赋值表 2

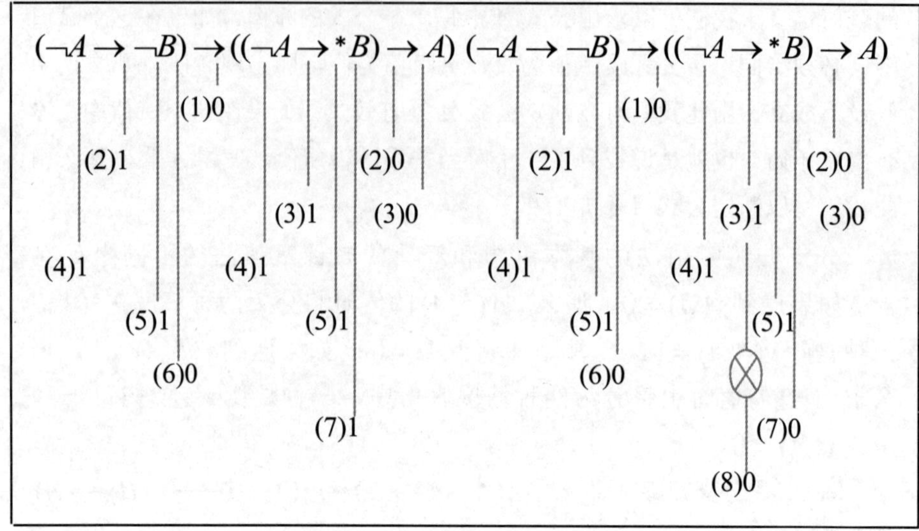

尽管在第二个分支表中出现了矛盾，但是因为在第一个分支表中没有出现矛盾，所以可以判定 $(\neg A \to \neg B) \to ((\neg A \to {}^{*}B) \to A)$ 不是有效式。

2.4.3 分支树图方法

分支树图方法和经典命题逻辑的树图方法基本相同。它包括如下九条规则：

[3] →规则

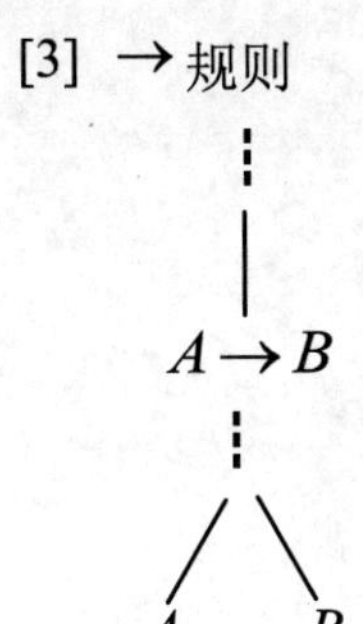

[5] ∧规则

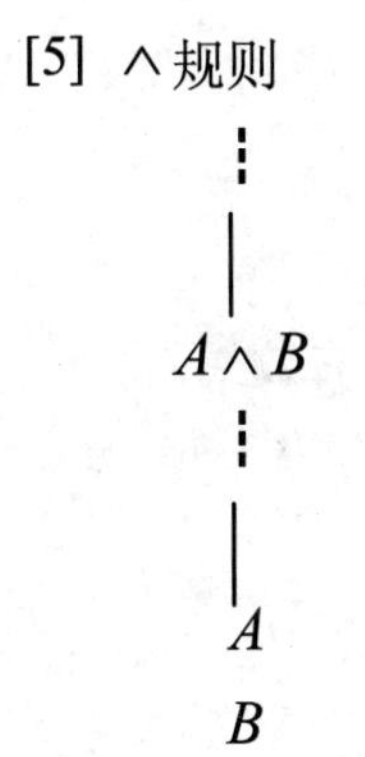

[7] ∨规则

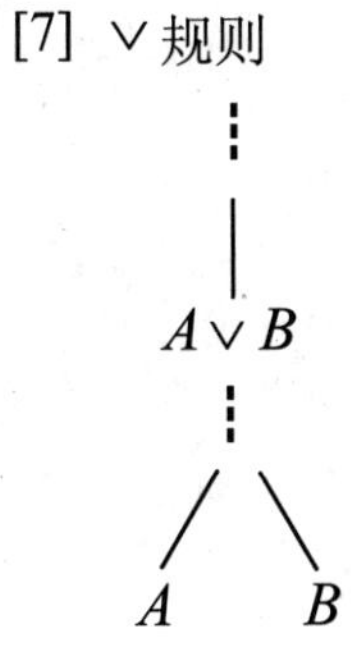

[9] ¬¬规则：

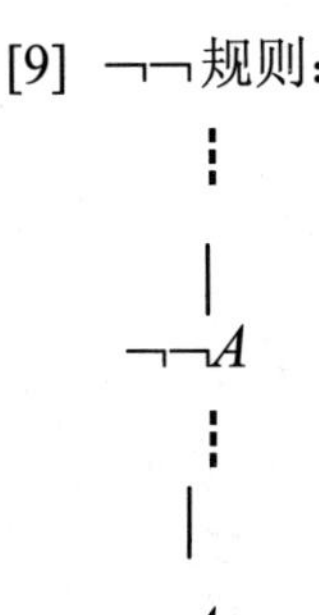

[4] ¬→规则

[6] ¬∧规则

[8] ¬∨规则

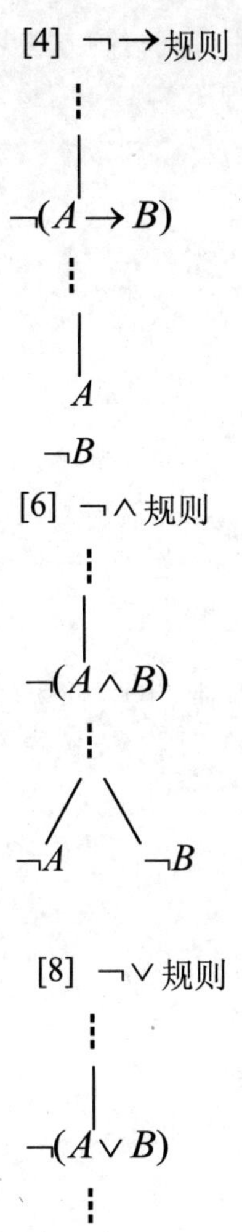

例如：用分支树图方法判定$\neg ** \neg A \to A$是否是有效式。

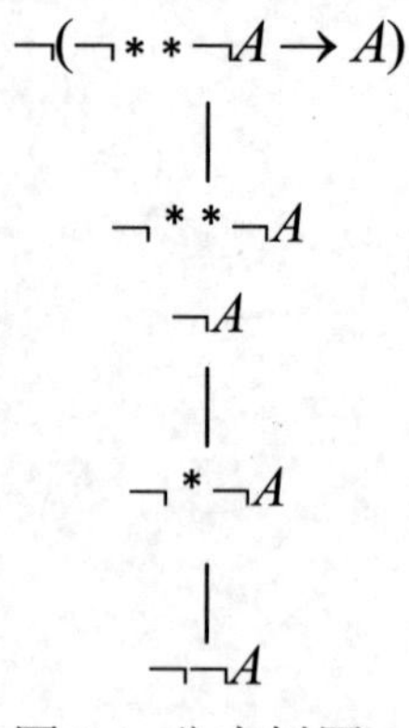

图 2.1 分支树图 1

因为唯一的一个分枝封闭，所以$\neg ** \neg A \to A$是有效式。

再如：用分支树图方法判定（$*A \to B$）（（$*A \to *B$）$\to A$）是否是有效式。

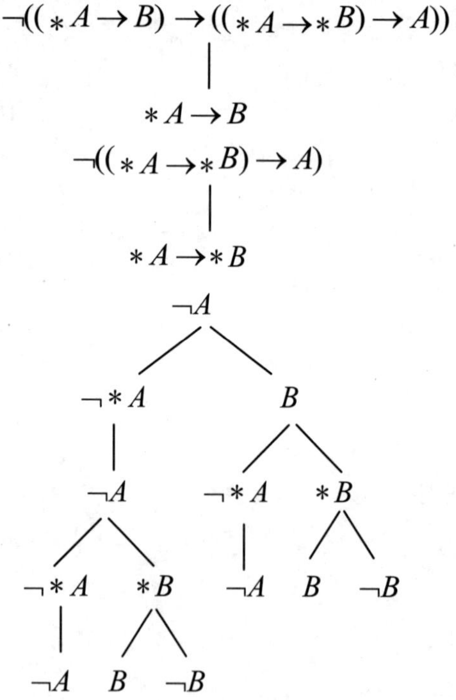

$$\neg((*A \to B) \to ((*A \to *B) \to A))$$

$$*A \to B$$

$$\neg((*A \to *B) \to A)$$

$$*A \to *B$$

$$\neg A$$

$\neg *A$　　B

$\neg A$　　$\neg *A$　　$*B$

$\neg *A$　　$*B$　　$\neg A$　　B　　$\neg B$

$\neg A$　　B　　$\neg B$

图 2.2　分支树图 2

由分枝树图可以看出，在六个分枝中，只有一个分枝封闭，其它五个分枝都没有封闭，所以（$*A\rightarrow B$）（（$*A\rightarrow *B$）$\rightarrow A$）不是有效式。

2.5 对当关系逻辑的扩充及其应用

2.5.1　一元连接词

作为二值一元真值连接词，共有如下九种可能：

A	$f_1(A)$	$f_2(A)$	$f_3(A)$	$f_4(A)$	$f_5(A)$	$f_6(A)$	$f_7(A)$	$f_8(A)$	$f_9(A)$
1	0	0	0	1	1	1	u	u	u
0	0	1	u	0	1	u	0	1	u

其中“1”表示“真”，“0”表示“假”，“u”表示“无定义”。

在上述九种可能的二值一元连接词中，f_1(A)、f_4(A)、f_5(A)和f_9(A)等四个连接词是平凡的，因为$f_1(A)$就是零函数$Z(x)=0$，$f_4(A)$就是一元恒同函数$\mathrm{id}(x)=x$，$f_5(A)$就是常值函数 $\mathrm{const1}(x)=1$，$f_9(A)$就是空函数，这四个一元连接词在自然语言中都很少使用。其他五个一元连接词在自然语言中使用得较多，尤其是其中的$f_2(A)$。其中的四个在对当关系逻辑中我们分别表示为：

$f_2(A)=\neg A$

$f_3(A)=\triangledown A$

$f_6(A)=*A$

$f_8(A)=\triangle A$

在对当关系逻辑中，我们对这四个连接词的逻辑性质进行了研究，但是对于$f_7(A)$我们没有涉及。本节拟在上述工作的基础上，分析$f_7(A)$的逻辑性质并对对当关系逻辑的具体应用作一些探讨。

2.5.2　连接词“○”的逻辑性质

一元连接词 $f_7(A)$在对当关系逻辑中是可以通过其他一元连接词被定义出来的，例如：

$f_7(A) =def\ \neg\triangle A$　　或者　　$f_7(A) = def\ \neg*\neg A$

为了叙述方便，我们将$f_7(A)$表示为：○A。

根据定义，不难证明在对当关系逻辑系统中关于一元连接词“○”有如下定理：

定理 2.5.1　$\vdash \bigcirc A \to A$

证明：

1　$\neg A \to * \neg A$　　(Ax10)

2　$(\neg A \to * \neg A) \to (\neg * \neg A \to A)$　　PTh

3　$\neg * \neg A \to A$　　1、2MP

4　$\bigcirc A \to A$　　3 ○的定义

（其中，PTh 指的是经典命题逻辑的定理）

定理 2.5.2　$\vdash \neg A \to \neg \bigcirc A$

结合语义，可以证明 $A \to \bigcirc A$、$\neg \bigcirc A \to \neg A$ 都不是对当关系逻辑的定理。由此可见，○A 和 A 之间存在差等关系，或者说 A 和○A 之间存在逆差等关系。

定理 2.5.3　$\vdash \bigcirc A \to \neg \neg A$

定理 2.5.4　$\vdash \neg A \to \neg \bigcirc A$

但是定理 2.5.3、定理 2.5.4 的逆定理都不成立，即可以证明 $\neg \neg A \to \bigcirc A$、$\neg \bigcirc A \to \neg A$ 都不是对当关系逻辑的定理。由此可见，○A 和 $\neg A$ 之间存在反对关系。

定理 2.5.5　$\vdash \bigcirc A \to \neg \triangledown A$

定理 2.5.6　$\vdash \triangledown A \to \neg \bigcirc A$

同样定理 2.5.5、定理 2.5.6 的逆定理也都不成立，即可以证明 $\neg \triangledown A \to \bigcirc A$、$\neg \bigcirc A \to \triangledown A$ 也都不是对当关系逻辑的定理。由此可见，○A 和 $\triangledown A$ 之间也存在反对关系。

结合对当关系逻辑中的其他一元连接词的逻辑性质，可以将它们之间的关系图示如下：

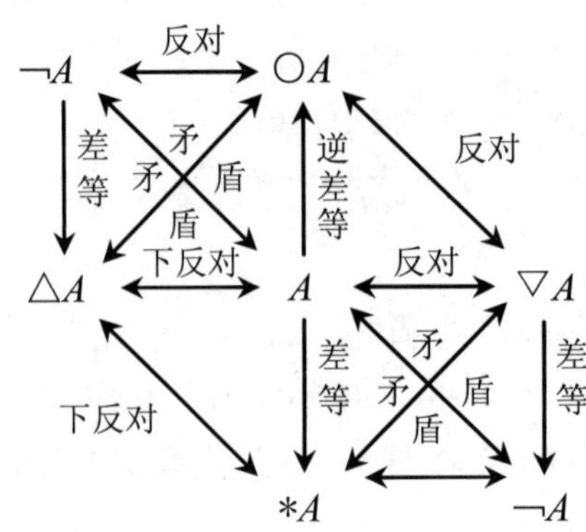

在经典命题逻辑中，只有和 A 具有矛盾关系的$\neg A$，而在对当关系逻辑中，不仅有和 A 具有矛盾关系的$\neg A$，而且有和 A 具有反对关系的$\triangledown A$、有和 A 具有下反对关系的$\triangle A$、有和 A 具有差等关系的$*A$、有和 A 具有逆差等关系的$\bigcirc A$，这大大增强了命题逻辑的表达能力和推理能力。

根据对当关系逻辑的基本语义和$\bigcirc A$ 的定义，可以证明：

定理 2.5.7　如果$\sum\vdash\bigcirc A$，则$\sum\vdash A$。

定理 2.5.8　$A\wedge\bigcirc A$ 可满足。

定理 2.5.9　$A\vee\bigcirc A$ 不有效。

定理 2.5.8 和定理 2.5.9 表明 A 和$\bigcirc A$ 之间既不满足矛盾律也不满足排中律，在此意义上可以说，一元连接词○和*一样既是弗协调连接符也是直觉主义连接符。

2.5.3　对当关系逻辑的扩充系统

如上节所述，包含一元连接词○的对当关系逻辑公理系统只需在原系统中增加关于○的定义即可。在该系统中，还可以证明下述体现○的逻辑性质的定理：

定理 2.5.10　$\vdash(\neg A\to\bigcirc B)\to((\neg A\to\triangledown B)\to A)$

定理 2.5.11　$\vdash(\neg A\to\bigcirc B)\to((\neg A\to\triangle B)\to A)$

定理 2.5.12　$\vdash(A\to\bigcirc B)\to((A\to\triangle B)\to\neg A)$

定理 2.5.10 说明，如果由假设 A 不成立得出$\bigcirc B$ 和$\triangledown B$，那么这可以构成对于假设的反驳，从而得出 A 成立；定理 2.5.11 说明，如果由假设 A 不成立得出$\bigcirc B$ 和$\triangle B$，那么这也可以构成对于假设的反驳，从而得出 A 成立；定理 2.5.12 说明，如果由假设 A 成立得出$\bigcirc B$ 和$\triangle B$，那么这可以构成对于假设的归谬，从而得出 A 不成立。定理 2.5.11 和定理 2.5.12 说明，我们既可以利用$\bigcirc B$ 和$\triangle B$ 进行反证法证明，也可以利用$\bigcirc B$ 和$\triangle B$ 进行归谬法证明。

但是在该系统中，$(\neg A\to B)\to((\neg A\to\bigcirc B)\to A)$和$(A\to B)\to((A\to\bigcirc B)\to\neg A)$均不是定理，这说明我们既不能用 B 和$\bigcirc B$ 进行反证法证明，也不能用 B 和$\bigcirc B$ 进行归谬法证明。

包含一元连接词○的对当关系逻辑的形式语义是经典二值语义的扩充。利用$\bigcirc A$ 的定义和对当关系逻辑的基本语义可以得出，一个包含○的对当关系逻辑的语义赋值是一个满足条件：

如果 $v(A)=0$，则 $v(\bigcirc A)=0$

的对当关系逻辑语义赋值。

在对当关系逻辑的判定程序中，只需将包含○（以及▽和△）的公式根据定义还原为包含*的公式就可以对包含一元连接词○的公式进行判定。例如对于公式$(A\to\bigcirc B)\to((A\to\triangle B)\to\neg A)$和$(A\to B)\to((A\to\bigcirc B)\to\neg A)$，首先将其还原为公式$(A\to\neg*\neg B)\to((A\to*\neg B)\to\neg A)$和$(A\to B)\to((A\to\neg*\neg B)\to\neg A)$，然后可以判定如下：

A	B	$\neg B$	$*\neg B$	$A\to*\neg B$	$(A\to\neg*\neg B)\to((A\to*\neg B)\to\neg A)$		
1	1	0	1	1	0	1	0
			0	0	1	1	1
1	0	1	1	1	0	1	0
0	1	0	1	1	1	1	1
			0	1	1	1	1
0	0	1	1	1	1	1	1

A	B	$\neg B$	$*\neg B$	$\neg*\neg B$	$A\to\neg*\neg B$	$(A\to B)\to((A\to\neg*\neg B)\to\neg A)$		
1	1	0	1	0	0	1	1	1
			0	1	1	1	0	0
1	0	1	1	0	1	1	1	0
0	1	0	1	0	1	1	1	1
			0	1	1	1	1	1
0	0	1	1	0	1	1	1	1

根据上述判定结果可以得出：公式$(A\to\bigcirc B)\to((A\to\triangle B)\to\neg A)$是对当关系逻辑的定理，但是公式$(A\to B)\to((A\to\bigcirc B)\to\neg A)$不是对当关系逻辑的定理。

2.5.4 对当关系逻辑的应用

对当关系逻辑（及其扩充）系统在自然语言推理中有什么实际的应用呢？下面我们从两个方面来进行分析。

1．基于对当关系逻辑的自然语言形式表示

经典命题逻辑具有可判定性，所以在处理实际的自然语言推理问题时，如果能在命题逻辑的范围内解决，则尽量在命题逻辑的范围内解决，而不去涉及谓词逻辑。然而，经典命题逻辑中的二值一元真值连接词只有“¬”，它可以用来表示命题之间的矛盾关系；对于命题之间的差等关系、反对关系、下反对关系和逆差等关系，经典逻辑在命题层次上是表达乏力的。例如，对于下列一组命题：

(a) 海豚聪明。
(b) 海豚不聪明。
(c) 所有海豚都聪明。
(d) 所有海豚都不聪明。
(e) 有些海豚聪明。
(f) 有些海豚不聪明。

如果我们使用符号 A 表示命题(a)，那么在经典命题逻辑的范围内，只有命题(b)可以被表达为 $\neg A$，但是对于命题(c)～(d)就无法表达了。即，在上述六个命题中，经典命题逻辑只能表达出其中两个命题之间的矛盾关系。但是在对当关系命题逻辑中，如果我们使用符号 A 表示命题(a)，那么除了命题(b)可以被表达为 $\neg A$ 之外，其他四个命题也可以得到相应的表达：命题(c)可以被表达为 $\bigcirc A$，命题(d)可以被表达为 $\triangledown\bigcirc A$，命题(e)可以被表达为 $*A$，命题(f)可以被表达为 $\triangle A$。甚至根据需要，还可以有其它灵活的不同的表达，例如命题(d)还可以被表达为 $\bigcirc\triangle A$，命题(f)还可以被表达为 $\neg\bigcirc A$、$*\neg A$ 和 $\neg\triangledown\neg A$ 等等。对当关系逻辑在命题层次上大大扩展了经典逻辑的表达能力。

2．基于对当关系逻辑的自然语言推理

尽管上述一组命题在经典一阶谓词逻辑中可以得到表达，但是我们知道经典一阶谓词逻辑是不可判定的，而对当关系命题逻辑是可判定的，这样对当关系逻辑不仅增强了对于自然语言的表达能力，而且处理相关推理问题也有其方便之处。

在实际的应用中，我们可以首先利用对当关系逻辑的形式语言将自然语言的推理要素形式化，然后利用对当关系逻辑所提供的工具进行推理或者进行推理分析。

我们来看一个推理实例：

在一次科普调查中，关于统一场论问题，四人发表了如下议论：

甲：有人了解；

乙：如果我了解，那么丙不了解；

丙：或者乙不了解，或者丁不了解；

丁：有人不了解。

实际上，他们四人的议论只有一人说的是正确的，那么可以得出以下哪项结论？

A.甲了解，丁不了解　　B.甲、丁都不了解

C.甲不了解，丁了解　　D.甲和丁都了解

解析：如果我们用 p 表示“所有的人都了解”、q 表示“乙了解统一场论”、r 表示“丙了解统一场论”，那么甲、乙、丙、丁的陈述可以分别表示为：

(1) $*p$

(2) $q\rightarrow\neg r$

(3) $\neg q\vee\neg s$

(4) $\neg p$

另外，根据题意，命题 q、r、s 和命题 $*p$ 之间是差等关系，根据对当关系逻辑可得：

(5) $(q\rightarrow *p)\wedge(r\rightarrow *p)\wedge(s\rightarrow *p)$

因为在对当关系逻辑中，有定理 $*p\vee\neg p$，所以 $*p$ 和 $\neg p$ 必有一真，根据题意，乙和丙的议论是假的，因而有：

(6) $\neg(q\rightarrow\neg r)$

(7) $\neg(\neg q\vee\neg s)$

进一步有

(8) $q\wedge r$

(9) $q\wedge s$

结合(5)可得：

(10) $*p$

因为只有一真，即 $\neg(*p\wedge\neg p)$，所以丁的议论是假的，因而有

(11) $\neg\neg p$

因而有

(12) p

这样可知答案是 D。

而这一推理在经典命题逻辑中无法进行知识表示，进而也无法完成其推理过程。

我们可以进一步研究将经典命题逻辑的归结推理方法扩展到对当关系命题逻辑之中，从而实现对相关知识的处理。

例如在上例中，我们就是要证明：

$\neg(q\to\neg r)\wedge\neg(\neg q\vee\neg s)\wedge(q\to{}^*p)\wedge(r\to{}^*\mathrm{p})\wedge(s\to{}^*p)\wedge\neg({}^*p\wedge\neg p)\to p$

我们可以先将

$\neg(q\to\neg r)\wedge\neg(\neg q\vee\neg s)\wedge(q\to{}^*p)\wedge(r\to{}^*p)\wedge(s\to{}^*p)\wedge\neg({}^*p\wedge\neg p)\to p$

化成合取范式，得：

$q\wedge r\wedge s\wedge(\neg q\vee{}^*p)\wedge(\neg r\vee{}^*p)\wedge(\neg s\vee{}^*p)\wedge(\neg{}^*p\vee p)\wedge\neg p$

建立子句集：

$\{q，r，s，\neg q\vee{}^*p，\neg r\vee{}^*p，\neg s\vee{}^*p，\neg{}^*p\vee p，\neg p\}$

对其进行归结：

(1) q

(2) r

(3) s

(4) $\neg q\vee{}^*p$

(5) $\neg r\vee{}^*p$

(6) $\neg s\vee{}^*p$

(7) $\neg{}^*p\vee p$

(8) $\neg p$

(9) ${}^*p$　　(1)(4)归结

(10) p　　(7)(9)归结

(11) □　　(8)(10)归结

本章小结：由于存在着不同的否定类型，因此，相应地存在不同的不协调理论，本章给出了经典逻辑的一个扩充系统，建立了对当关系逻辑，描述了各种不同否定的逻辑特征，为解决不协调理论的推理问题给出了一个新的逻辑工具。

第三章　知识蕴涵命题逻辑

从本章开始，我们提出一种更加符合直觉的蕴涵关系，以此来描述包含不协调信息知识系统的推理结构。在此基础上，建立一系列的知识蕴涵逻辑系统。

3.1　知识蕴涵

经典的弗协调逻辑系统大部分都改变了经典否定的含义。例如，在弗协调逻辑系统中，A 和 $\neg A$ 之间不再是经典的相互矛盾的关系，而是可以同真的下反对关系。经过这样的处理，在弗协调逻辑中 $A \wedge \neg A \to B$ 不再有效，从而解决了司各脱法则问题。

对于这种解决方案，有两点值得关注：

[1] $\neg(A \wedge \neg A)$ 不再有效，改变了人们对于矛盾的经典理解；

[2] 由于 A 和 $\neg A$ 之间不再是经典的相互矛盾的关系，也改变了人们对于司各脱法则的经典理解。

我们认为既然要限制矛盾的作用范围，既然要克服矛盾推出一切的问题，我们就不能改变人们对于矛盾的经典理解，而应该在矛盾的推出关系上寻求突破。

在二值逻辑的范围内，当人们将 A 、 B 理解为任意两个真命题时，$\neg A$ 、 $A \wedge \neg A$ 、 $A \to B$ 通常则相应地可理解为 A 是一个假命题、矛盾、A 蕴涵（或推出）B；进一步，$A \wedge \neg A \to B$ 通常可理解为矛盾推出一切，$\neg A \to (A \to B)$ 通常可理解为假命题蕴涵任何命题。人们之所以认为“矛盾推出一切（ $A \wedge \neg A \to B$ ）或假命题蕴涵任何命题（ $\neg A \to (A \to B)$ ）”

有问题，主要原因应该是经典的实质蕴涵关系（$A \to B$）和人们对于蕴涵的经验直觉存在一定的差距。

我们来看一下经典实质蕴涵关系的真值表：

表 3.1　实质蕴涵真值表

A	B	$A \to B$
1	1	1
1	0	0
0	1	1
0	0	1

对于第二行，如果前件真后件假，那么蕴涵式是假的，这在直觉上是没有问题的，在经典命题逻辑系统中，这一点通常是通过分离规则实现的（分离规则通常表示为：由A，$A \to B$可推出B，根据假言移位规则，它等价于：由A，$\neg B$可推出$\neg(A \to B)$，按照上述的通常理解，这就表示若A真、B假，则$A \to B$假）；第一行是真命题与真命题之间的蕴涵也可以接受（按照通常的理解，这相应地可以表示为$A \to (B \to (A \to B))$或者$B \to (A \to (A \to B))$）；既然如此，在承认假言易位（$(A \to B) \leftrightarrow (\neg B \to \neg A)$）的前提下，第四行也可以接受（按照通常的理解，这相应地可以表示为$\neg A \to (\neg B \to (A \to B))$或者$\neg B \to (\neg A \to (A \to B))$）；但是第三行人们缺乏经验的直觉。对此，我们不妨在第三行暂时不加定义。

恰恰是第三行，在经典实质蕴涵的真值表中规定，当前件A假后件B真时，蕴涵式$A \to B$是真的。即经典实质蕴涵认可假命题蕴涵真命题，可以说这直接导致了司各脱法则。

对于司各脱法则的一般形式$A \wedge \neg A \to B$直觉是不能接受的；但是它的一些特殊形式却是符合直觉的，例如$A \wedge \neg A \to A$。因为这也是合取分解规则的一个特殊形式，而合取分解的一般形式$A \wedge B \to A$是符合直觉的。因此，我们希望在建立的非经典逻辑系统中，司各脱法则的一般形式不成立，但其一些特殊形式成立。为之，我们可以对司各脱法则加以适当的限制（例如让前后件相关，因为$A \wedge \neg A \to A$和$A \wedge B \to A$都是前后件相关的）来实现这一点。

综上考虑，我们在第三行可采取这样的态度，当A和B不相关时，对

$A \to B$不加定义，当A和B相关时，让$A \to B$为真（按照通常的理解，这相应地可以表示为$\neg A \to (B \to (A \to B))$或者$B \to (\neg A \to (A \to B))$，其中$A$和$B$相关）。

根据如上对蕴涵真值表的分析，我们希望建立满足下列形式的蕴涵关系（下文中，我们仍然使用“$A \to B$”来表示这一关系，希望读者能够区分$A \to B$的不同使用）：

[1] $B \to (A \to (A \to B))$；

[2] $\neg B \to (\neg A \to (A \to B))$；

[3] $B \to (\neg A \to (A \to B))$，其中$A$和$B$相关。

这分别对应于上述真值表中$A \to B$为真的第一行、第四行和第三行（第二行的情况仍然通过规则来实现）。当将其中的一个命题理解为一条知识时，上述公式直观的含义是：

[1] 真知识和真知识之间存在蕴涵关系；

[2] 假知识和假知识之间存在蕴涵关系；

[3] 如果A和B相关，那么矛盾中蕴涵着相关的真知识。

另外，依据直觉，人们说命题A和命题B之间如果存在蕴涵关系，一般会首先假设A应该是一个真命题。这类似于亚里士多德的三段论中性质命题的主项有一个存在预设一样。而司各脱法则的前件$A \wedge \neg A$恰好是一个恒假命题，这也是司各脱法则难以接受的一个原因。

综上所述，我们希望建立一种更符合人们直觉的蕴涵关系：

[1] 它在真值表的第三行不同于经典逻辑的实质蕴涵；

[2] 如果确立一个蕴涵关系，那么它的前件假设是真的；

[3] 这种蕴涵关系可以避免司各脱法则。

为了称呼方便，我们将称这种蕴涵关系为知识蕴涵，在本章及第四章、第五章中我们将给出反映上述思想的弱知识蕴涵（偏函数），即在A假B真且A和B不相关时，对$A \to B$不加定义；在第六章、第七章我们将给出反映上述思想的强知识蕴涵（全函数），即在A假B真且A和B不相关时，令$A \to B$为假。

基于上述理解，我们可以对经典命题逻辑系统中的若干公理和定理重新进行审视：

[1] $A \to (B \to A)$

其直观含义是：真命题可以为任何命题所蕴涵。借助常见的逻辑定理变形可得 $A\to(\neg A\to\neg B)$，进一步变形可得 $A\wedge\neg A\to\neg B$ 。这就是司各脱法则的一个变形。所以，看来这是不能接受的。

[2] $(A\to(B\to C))\to((A\to B)\to(A\to C))$

它和 $A\to(B\to A)$ 等相结合可以得到 $(A\to B)\to((B\to C)\to(A\to C))$ ，当前提 A 假时，蕴涵关系本身就值得怀疑，其传递性更无须多言。

相似可接受的是：$(A\to(A\to(B\to C)))\to((A\to(A\to B))\to(A\to(A\to C)))$ 。其直观含义是：对于一个真命题 A ，它可以对蕴涵关系自分配。

[3] $(A\to B)\to(A\to(A\to B))$

其直观含义是：如果 $A\to B$ ，那么若前提得到进一步断定，则该蕴涵关系亦成立。这是可以接受的。对于其他公理和定理我们可以作类似分析，此处不一一列出。

下面，我们打算着手建立反映上述思想的公理系统。我们希望建立的系统尽量能实现下述目标：

[1] 蕴涵关系符合上述直觉；

[2] 遵守最基本的逻辑规律；

[3] 不改变经典否定、合取的性质；

[4] 司各脱法则不成立。

3.2 知识蕴涵命题逻辑公理系统

知识蕴涵逻辑的形式语言 L^D 和经典命题逻辑的形式语言基本相同。它以 $\neg$ 、 $\wedge$ 和 $\to$ 作为初始联结词。其他联结词通过定义给出：

$A\vee B=_{def}\neg(\neg A\wedge\neg B)$

$A\leftrightarrow B=_{def}(A\to B)\wedge(B\to A)$

$A ☯ B=_{def}A\to(A\to B)$

由知识蕴涵逻辑所有公式构成的集合记为 $Form(L^D)$ 。

定义 3.2.1 设 $A\in Form(L^D)$ ， $Atomic(A)$ 定义如下：

[1] 如果 A 是原子公式，那么 $Atomic(A)=\{A\}$ ；

[2] 如果 $A=\neg B$ ，那么 $Atomic(A)=Atomic(B)$ ；

[3] 如果 $A=B\wedge C$ ，那么 $Atomic(A)=Atomic(B)\bigcup Atomic(C)$ ；

[4] 如果 $A = B \to C$，那么 $Atomic(A) = Atomic(B) \bigcup Atomic(C)$。

定义 3.2.2 假设 A、B 是公式，称 A、B 相关，当且仅当 $Atomic(A) \bigcap Atomic(B) \neq \varnothing$。

直观地，命题 A 和 B 相关，即是指 A、B 两命题有共同的内容，定义 3.2.1 和定义 3.2.2 就是要从形式上来实现这一点。

定义 3.2.3 系统 D 的公理是具有下列形式的公式：

$Ax1$　$A \to A$

$Ax2$　$B \to (A \to (A \to B))$

$Ax3$　$\neg B \to (\neg A \to (A \to B))$

$Ax4$　$B \to (\neg A \to (A \to B))$，其中 A 和 B 相关。

$Ax5$　$(A \to B) \to (A \to (A \to B))$

$Ax6$　$(A \to (A \to (B \to C))) \to ((A \to (A \to B)) \to (A \to (A \to C)))$

$Ax7$　$A \wedge B \to A$

$Ax8$　$A \wedge B \to B$

$Ax9$　$A \to (B \to A \wedge B)$

$Ax10$　$(A \to (A \to B)) \to ((A \to (A \to \neg B)) \to \neg A)$

$Ax11$　$\neg\neg A \to A$

系统 D 的推理规则只有一条，即分离规则（Modus ponens）：由 A 和 $A \to B$ 可以推出 B。简记为 MP。

由系统 D 的构成，可以看出其中的公理是符合上述直观的，这样我们实现了目标之[1]。

定义 3.2.4　公式 A 由公式集 Σ 形式可推演，当且仅当存在公式序列

$$A_1，A_2，\cdots，A_{n-1}，A_n$$

使得 $A_n = A$，并且每一个 $A_k (1 \leq k \leq n)$ 满足下列条件之一：

[1] A_k 是公理；

[2] $A_k \in \Sigma$；

[3] 有 i，$j < k$，使得 $A_i = A_j \to A_k$。

如果公式 A 由公式集 Σ 形式可推演，则称 Σ 可推演出 A，符号记为 $\Sigma \vdash_{D} A$，也简记为：$\Sigma \vdash A$。

定义 3.2.5　如果公式 A 由 $\varnothing$ 形式可推演，则称公式 A 是可证明的。由 $\varnothing$ 到 A 形式可推演的一个公式序列称为公式 A 的一个证明。如果公式

A是可证明的，则称公式A为系统D的定理，符号记为$\vdash_{\mathrm{D}} A$，也简记为：$\vdash A$。为了与其它的定理相区别，在下文中，我们将系统D内的定理记为DTh。

定理 3.2.1(D **演绎定理**) 如果$\Gamma \cup \{A\} \vdash B$，那么$\Gamma \vdash A \to (A \to B)$。

证明：

我们对由$\Gamma \cup \{A\}$到B的推演的公式序列C_1，…，C_m的长度m进行归纳证明。

归纳基始：$m=1$。如果这个推演序列中只有一个公式。那么该公式必定就是B本身，因此B或者是系统 D 的一条公理，或者是$\Gamma \cup \{A\}$中的一个成员。

情形1：B是系统D的一条公理。那么下列是由Γ到$A \to (A \to B)$的一个推演：

1	B	系统D的公理
2	$B \to (A \to (A \to B))$	$Ax2$
3	$A \to (A \to B)$	1、2 MP

情形2：B是A。那么下列是由Γ到$A \to (A \to B)$的一个推演：

1	$A \to A$	$Ax1$
2	$(A \to A) \to (A \to (A \to A))$	$Ax5$
3	$A \to (A \to A)$	1、2 MP

情形3：$B \in \Gamma$。下列公式序列即为由Γ到$A \to (A \to B)$的一个推演：

1	B	$B \in \Gamma$
2	$B \to (A \to (A \to B))$	$Ax2$
3	$A \to (A \to B)$	1、2 MP

归纳步骤：我们假设由$\Gamma \cup \{A\}$到B的推演的公式序列中公式的数目小于$m(m>1)$时演绎定理成立，现在须证明当由$\Gamma \cup \{A\}$到B的推演的公式序列中公式的数目等于$m(m>1)$时演绎定理成立。这时不外有如下四种情形：

情形1：B是系统D的一条公理。完全和上述情形1相同。

情形2：B是A。完全和上述情形2相同。

情形3：$B \in \Gamma$。完全和上述情形3相同。

情形4：B由推演序列中较前的两个公式通过分离规则MP而得到，这两个公式必定是形如C和$C \to B$的公式。而由Γ，A到C和$C \to B$的推演长度必小于m，根据归纳假设，我们有由Γ到$A \to (A \to C)$的推演和由Γ到$A \to (A \to (C \to B))$的推演。这样我们可以构造出由Γ到$A \to (A \to B)$的一个推演：

1
…
k　　$A \to (A \to C)$　　由Γ到$A \to (A \to C)$的推演

$k+1$
…
$k+l$　　$A \to (A \to (C \to B))$　　由Γ到$A \to (A \to (C \to B))$的推演 $(k+l < m)$

$k+l+1$
$(A \to (A \to (C \to B))) \to ((A \to (A \to C)) \to (A \to (A \to B)))$　　$Ax6$

$k+l+2$　$(A \to (A \to C)) \to (A \to (A \to B))$
$k+l+1$　MP　　$k+l$

$k+l+3$　$A \to (A \to B)$　　k、$k+l+2$　MP

综上所述，根据数学归纳原理，演绎定理成立。

演绎定理(The Deduction Theorem)我们简记为DT。

在系统 D 中可以证明下列定理：

$DTh1$　$\vdash \neg(A \wedge \neg A)$

证明：

1	$A \wedge \neg A \to A$	$Ax7$
2	$(A \wedge \neg A \to A) \to (A \wedge \neg A \to (A \wedge \neg A \to A))$	$Ax5$
3	$A \wedge \neg A \to (A \wedge \neg A \to A)$	1、2 MP
4	$A \wedge \neg A \to \neg A$	$Ax8$
5	$(A \wedge \neg A \to \neg A) \to (A \wedge \neg A \to (A \wedge \neg A \to \neg A))$	$Ax5$
6	$A \wedge \neg A \to (A \wedge \neg A \to \neg A)$	4、5 MP
7	$(A \wedge \neg A \to (A \wedge \neg A \to A)) \to$ $((A \wedge \neg A \to (A \wedge \neg A \to \neg A)) \to \neg(A \wedge \neg A))$	$Ax10$
8	$((A \wedge \neg A \to (A \wedge \neg A \to \neg A)) \to \neg(A \wedge \neg A))$	3、7 MP
9	$\neg(A \wedge \neg A)$	6、8 MP

类似可证：

$DTh2 \ \vdash A \vee \neg A$

由 $Ax1$、$DTh1$ 和 $DTh2$ 可以看出，经典命题逻辑系统的三大规律，即同一律、不矛盾律和排中律在系统 D 中都成立，这样我们实现了目标之[2]。

$DTh3 \ \vdash A \rightarrow (A \rightarrow (B \rightarrow (B \rightarrow A)))$

证明：

1 $A \rightarrow (B \rightarrow (B \rightarrow A))$ $Ax2$

2 $(A \rightarrow (B \rightarrow (B \rightarrow A))) \rightarrow (A \rightarrow (A \rightarrow (B \rightarrow (B \rightarrow A))))$ $Ax5$

3 $A \rightarrow (A \rightarrow (B \rightarrow (B \rightarrow A)))$ 1、2 MP

此定理即为 A ☯ $(B$ ☯ $A)$。

$DTh4 \ \vdash (A \rightarrow (A \rightarrow (B \rightarrow (B \rightarrow C)))) \rightarrow ((A \rightarrow (A \rightarrow (B \rightarrow (B \rightarrow C))))$
$\rightarrow ((A \rightarrow (A \rightarrow B)) \rightarrow ((A \rightarrow (A \rightarrow B)) \rightarrow (A \rightarrow (A \rightarrow C)))))$

证明：

1 $A \rightarrow (A \rightarrow (B \rightarrow (B \rightarrow C)))$ 假设

2 $A \rightarrow (A \rightarrow B)$ 假设

3 A 假设

4 $A \rightarrow B$ 2、3 MP

5 B 3、4 MP

6 $A \rightarrow (B \rightarrow (B \rightarrow C))$ 1、3 MP

7 $B \rightarrow (B \rightarrow C)$ 3、6 MP

8 $B \rightarrow C$ 5、7 MP

9 C 5、8 MP

10 $A \rightarrow (A \rightarrow C)$ 1～9 DT

11 $(A \rightarrow (A \rightarrow B)) \rightarrow ((A \rightarrow (A \rightarrow B)) \rightarrow (A \rightarrow (A \rightarrow C)))$ 1～10 DT

12 $(A \rightarrow (A \rightarrow (B \rightarrow (B \rightarrow C)))) \rightarrow ((A \rightarrow (A \rightarrow (B \rightarrow (B \rightarrow C)))$
$\rightarrow ((A \rightarrow (A \rightarrow B)) \rightarrow ((A \rightarrow (A \rightarrow B)) \rightarrow (A \rightarrow (A \rightarrow C)))))$ 1～11 DT

此定理即为 $(A$ ☯ $(B$ ☯ $C))$ ☯ $((A$ ☯ $B)$ ☯ $(A$ ☯ $C))$。

$DTh5$ $\vdash (\neg A \to (\neg A \to B)) \to ((\neg A \to (\neg A \to B)) \to$
$((\neg A \to (\neg A \to \neg B)) \to ((\neg A \to (\neg A \to \neg B)) \to A)))$

证明：

1　$\neg A \to (\neg A \to B)$　　假设

2　$\neg A \to (\neg A \to \neg B)$　　假设

3　$(\neg A \to (\neg A \to B)) \to ((\neg A \to (\neg A \to \neg B)) \to \neg\neg A)$

$Ax10$

4　$(\neg A \to (\neg A \to \neg B)) \to \neg\neg A$　　1、3 MP

5　$\neg\neg A$　　2、4 MP

6　$\neg\neg A \to A$　　$Ax11$

7　A　　5、6 MP

8　$(\neg A \to (\neg A \to \neg B)) \to ((\neg A \to (\neg A \to \neg B)) \to A)$

1～7 DT

9　$(\neg A \to (\neg A \to B)) \to ((\neg A \to (\neg A \to B)) \to$
$((\neg A \to (\neg A \to \neg B)) \to ((\neg A \to (\neg A \to \neg B)) \to A)))$

1～8 DT

此定理即为$(\neg A \text{☯} B) \text{☯} ((\neg A \text{☯} \neg B) \text{☯} A)$。

$DTh6$ $\vdash A \wedge B \text{☯} A$

$DTh7$ $\vdash A \wedge B \text{☯} B$

$DTh8$ $\vdash A \text{☯} (B \text{☯} A \wedge B)$

由$DTh3$、$DTh4$、$DTh5$、$DTh6$、$DTh7$、$DTh8$以及分离规则就构成了一个以$\neg$、$\wedge$和☯为初始联结词的经典命题逻辑公理系统，☯具有经典实质蕴涵的所有性质。联系$DTh1$和$DTh2$可以看出：在系统D中，联结词$\neg$、$\wedge$没有改变其在经典逻辑中的性质。这样我们实现了目标之[3]。

由此可见，知识蕴涵$A \to B$与诸如反事实条件句等其他蕴涵关系不同，其他蕴涵关系大都可以通过实质蕴涵结合其他联结词定义出来，而实质蕴涵可以只使用知识蕴涵来定义。

定义 3.2.6 知识蕴涵逻辑的一个赋值v是以所有公式的集$Form(L^D)$为定义域、以$\{0,1\}$为值域的一个函数，并满足下列条件：

[1] $v(\neg A)=1$，当且仅当，$v(A)=0$；

[2] $v(A \wedge B)=1$，当且仅当，$v(A)=v(B)=1$；

[3] 如果$v(A)=v(B)$，那么$v(A\to B)=1$；

[4] 如果$v(A)=1$，$v(B)=0$，那么$v(A\to B)=0$；

[5] 如果$v(A)=0$，$v(B)=1$，并且A、B相关，那么$v(A\to B)=1$。

定理 3.2.2 $v(A$ ☯ $B)=1$当且仅当$v(A)=0$或者$v(B)=1$。

定义 3.2.7 称一知识蕴涵逻辑赋值v为公式集Γ的模型，当且仅当，对Γ中任一公式A有$v(A)=1$；若公式集Γ存在一模型，则称Γ是可满足的；称A为Γ的语义后承，记作$\Gamma\models A$，当且仅当，Γ的任一模型都使得$v(A)=1$；$\varnothing\models A$简记为$\models A$，此时对任一个赋值v都有$v(A)=1$，因而也称A为有效的。

3.3 可靠性和完全性

定理 3.3.1 设A、B为任意的知识蕴涵逻辑公式，则

[1] $\models A\to A$

[2] $\models B\to(A\to(A\to B))$

[3] $\models\neg B\to(\neg A\to(A\to B))$

[4] $\models B\to(\neg A\to(A\to B))$，其中$A$和$B$相关。

[5] $\models(A\to B)\to(A\to(A\to B))$

[6] $\models(A\to(A\to(B\to C)))\to((A\to(A\to B))\to(A\to(A\to C)))$

[7] $\models A\wedge B\to A$

[8] $\models A\wedge B\to B$

[9] $\models A\to(B\to A\wedge B)$

[10] $\models(A\to(A\to B))\to((A\to(A\to\neg B))\to\neg A)$

[11] $\models\neg\neg A\to A$

定理 3.3.2 如果$\models A$，并且$\models A\to B$，那么$\models B$。

由定理3.3.1和定理3.3.2施归纳于系统D中定理证明的长度不难证明：

定理 3.3.3（**系统 D 的可靠性定理**） 设Σ为任意公式集，A为任意公式，则有

[1] 如果$\Sigma\vdash A$，那么$\Sigma\models A$；

[2] 如果$\vdash A$，那么$\models A$。

定义 3.3.1 一个形式系统 S 是协调的，如果不是任一公式都是在 S 中

可证明的。

定理 3.3.4（**系统 D 的协调性定理**）　形式系统 D 是协调的。

证明：根据知识蕴涵逻辑的形式语义定义容易知道，对于任一公式 A，$\models A$ 和 $\models\neg A$ 不可能都成立。这样，根据系统 D 的可靠性定理得知，A 和 $\neg A$ 不可能都是系统 D 的定理。所以，系统 D 是协调的。

定理 3.3.5　下列公式都不是系统 D 的定理。

$A\wedge\neg A\to B$　　$A\wedge\neg A\to\neg B$

$\neg A\to(A\to B)$　　$A\to(\neg A\to B)$

$A\to(B\to A)$

$(A\to(B\to C))\to(B\to(A\to C))$

$(A\to B)\to(\neg B\to\neg A)$　　$(A\to\neg B)\to(B\to\neg A)$

$(\neg A\to B)\to(\neg B\to A)$　　$(\neg A\to\neg B)\to(B\to A)$

$((A\to B)\to A)\to A$

$(A\to(A\to B))\to(A\to B)$

$(A\to(B\to C))\to(A\wedge B\to C))$

$(A\wedge B\to C))\to(A\to(B\to C))$

$(A\to B)\to((B\to C)\to(A\to C))$

$(B\to C)\to((A\to B)\to(A\to C))$

$(A\to(B\to C))\to((A\to B)\to(A\to C))$

由定理 3.3.5 知，司各脱法则不是系统 D 的定理。这样我们实现了目标之[4]。

定义 3.3.2　设 $\Sigma\subseteq Form(L^D)$，称 Σ 是协调的，当且仅当不存在 $A\in Form(L^D)$，$\Sigma\vdash A$ 并且 $\Sigma\vdash\neg A$。

定理 3.3.6　设 $\Sigma\subseteq Form(L^D)$，$A\in Form(L^D)$，则

[1] 如果 $\Sigma\cup\{A\}$ 不协调，则 $\Sigma\vdash\neg A$

[2] 如果 $\Sigma\cup\{\neg A\}$ 不协调，则 $\Sigma\vdash A$。

证明：

[1] 设 $\Sigma\cup\{A\}$ 不协调，则存在 $C\in Form(L^D)$，$\Sigma\cup\{A\}\vdash C$ 并且 $\Sigma\cup\{A\}\vdash\neg C$，因而有：

1　$\Sigma\cup\{A\}\vdash C\wedge\neg C$

2　$\Sigma\vdash A\to(A\to C\wedge\neg C)$　　1 D 演绎定理

3　$\Sigma\cup\{A\}\vdash\neg(C\wedge\neg C)$　　　$Dh1$

4　$\Sigma\vdash A\to(A\to\neg(C\wedge\neg C))$　　　3 D 演绎定理

5　$\Sigma\ \vdash\ (A\to(A\to C\wedge\neg C))\to((A\to(A\to\neg(C\wedge\neg C)))\to\neg A)$

$Ax10$

6　$\Sigma\vdash(A\to(A\to\neg(C\wedge\neg C)))\to\neg A$　　　2、5 MP

7　$\Sigma\vdash\neg A$　　　4、6 MP

[2] 设$\Sigma\cup\{\neg A\}$不协调，根据[1]有：$\Sigma\vdash\neg\neg A$，根据 $Ax11$ 有 $\Sigma\vdash\neg\neg A\to A$，根据 MP 进而有：$\Sigma\vdash A$。

定义 3.3.3 设$\Sigma\subseteq Form(L^D)$，称$\Sigma$是极大协调的，当且仅当，

[1] Σ是协调的；

[2] 对于任何$A\in Form(L^D)$，如果$A\notin\Sigma$，则$\Sigma\cup\{A\}$不协调。

定理 3.3.7　设Σ是极大协调集，对于任何$A\in Form(L^D)$，当$\Sigma\vdash A$且仅当$A\in\Sigma$。

证明：

[1] 显然，如果$A\in\Sigma$，则$\Sigma\vdash A$。

[2] 假设$\Sigma\vdash A$，但是$A\notin\Sigma$，则$\Sigma\cup\{A\}$不协调，根据定理 3.3.6[1]有：$\Sigma\vdash\neg A$。

这样，就有$\Sigma\vdash A$，并且$\Sigma\vdash\neg A$，这与Σ是极大协调集相矛盾。因而假设不成立。

所以有：如果$\Sigma\vdash A$，则$A\in\Sigma$。

定理 3.3.8 设Σ是极大协调集，A、$B\in Form(L^D)$，

[1] $\neg A\in\Sigma$当且仅当$A\notin\Sigma$；

[2] $A\wedge B\in\Sigma$当且仅当$A\in\Sigma$并且$B\in\Sigma$；

[3] 如果$A\in\Sigma$并且$B\in\Sigma$，那么$A\to B\in\Sigma$；

[4] 如果$A\in\Sigma$并且$B\notin\Sigma$，那么$A\to B\notin\Sigma$；

[5] 如果$A\notin\Sigma$，$B\in\Sigma$，并且A和B相关，那么$A\to B\in\Sigma$；

[6] 如果$A\notin\Sigma$并且$B\notin\Sigma$，那么$A\to B\in\Sigma$。

证明：[1]、[2]略。

[3] 如果$A\in\Sigma$并且$B\in\Sigma$，那么有：$\Sigma\vdash A$并且$\Sigma\vdash B$，根据 $Ax2$ 有$\Sigma\vdash B\to(A\to(A\to B))$，两次运用 MP 可得：$\Sigma\vdash A\to B$，根据定理 3.3.7 可得：$A\to B\in\Sigma$。

[4] 假设$A\in\Sigma$并且$B\notin\Sigma$，但是$A\to B\in\Sigma$。由$A\in\Sigma$，$A\to B\in\Sigma$可得：$\Sigma\vdash A$并且$\Sigma\vdash A\to B$，运用*MP*可得：$\Sigma\vdash B$，根据定理 3.3.7 可得：$B\in\Sigma$。这与$B\notin\Sigma$矛盾。因而假设不成立。所以有：如果$A\in\Sigma$并且$B\notin\Sigma$，那么$A\to B\notin\Sigma$。

[5] 假设$A\notin\Sigma$，$B\in\Sigma$，并且A和B相关。由$A\notin\Sigma$，根据[1]可知：$\neg A\in\Sigma$。由$\neg A\in\Sigma$，$B\in\Sigma$可得：$\Sigma\vdash\neg A$并且$\Sigma\vdash B$，因为A和B相关，根据$Ax4$可得：$\Sigma\vdash B\to(\neg A\to(A\to B))$，两次运用*MP*可得：$\Sigma\vdash A\to B$，根据定理 3.3.7 可得：$A\to B\in\Sigma$。

[6] 如果$A\notin\Sigma$并且$B\notin\Sigma$，根据[1]可知：$\neg A\in\Sigma$并且$\neg B\in\Sigma$，那么有：$\Sigma\vdash\neg A$并且$\Sigma\vdash\neg B$，根据$Ax3$有$\Sigma\vdash\neg B\to(\neg A\to(A\to B))$，两次运用*MP*可得：$\Sigma\vdash A\to B$，根据定理 3.3.7 可得：$A\to B\in\Sigma$。

定理 3.3.9　设Σ是极大协调集，对于任何$A\in Form(L^D)$，令$v^*(A)=1$当且仅当$A\in\Sigma$。则v^*是一个知识蕴涵逻辑赋值。即v^*是极大协调集Σ的模型。

定理 3.3.10　任何协调的公式集都能够扩充为极大协调集。

由定理 3.3.9 和定理 3.3.10 直接可得：

定理 3.3.11　任何协调的公式集都有模型。

定理 3.3.12（**D 的完全性定理**）　设$\Sigma\subseteq Form(L^D)$，$A\in Form(L^D)$，则

[1] 如果$\Sigma\models A$，那么$\Sigma\vdash A$；

[2] 如果$\models A$，那么$\vdash A$。

证明：

[1] 假设$\Sigma\vdash A$不成立，根据定理 3.3.6[2]有：$\Sigma\cup\{\neg A\}$协调。根据定理 3.3.11 可知$\Sigma\cup\{\neg A\}$有模型。所以$\Sigma\models A$不成立。

[2] 当[1]中$\Sigma=\varnothing$时，直接可得。

3.4 可判定性

定义 3.4.1　$Subform(A)$称为公式A的子公式集。

[1] 如果A是原子公式，则$Subform(A)=\{A\}$；

[2] 如果$A=(\neg B)$，则$Subform(A)=Subform(B)\cup\{(\neg B)\}$。

[3] 如果$A=(B\circ C)$，

则$Subform(A)=Subform(B)\cup Subform(C)\cup\{(B\circ C)\}$。

其中$B \circ C$指的是$B \wedge C$或$B \to C$。

如果 $B \in Subform(A)$，则称B为A的子公式。

定义 3.4.2 公式A的复杂度指的是A中所含联结词的数目。

对于任一系统 D 中的公式A，我们按照下列程序来建立它的类真值表：

第一步 列出A中出现的所有命题符，并列出这些命题符的各种真值组合。例如，假如公式A中只有两个命题符p_0和p_1，那么它们的真值组合情形如下：

表 3.2 类真值表 1

p_0	p_1
1	1
1	0
0	1
0	0

第二步 为A中所有子命题各辟出一列，并按照它们的复杂度从左到右排列。例如对于公式$(p_0 \to p_1) \to (\neg p_1 \to \neg p_0)$作如下处理：

表 3.3 类真值表 2

p_0	p_1	$\neg p_0$	$\neg p_1$	$p_0 \to p_1$	$\neg p_1 \to \neg p_0$	$(p_0 \to p_1) \to (\neg p_1 \to \neg p_0)$
1	1					
1	0					
0	1					
0	0					

第三步 按照下列规则逐列计算出A中各个子公式的值：

1. 对于子命题$\neg B$和$B \wedge C$其计算方法和经典命题逻辑中的计算方法相同；

2. 对于子命题$B \to C$，当B和C相关时，其计算方法和经典命题逻辑中的计算方法相同；当 B 和 C 不相关时，其计算方法在其他各行和经典命题逻辑中的计算方法相同，但是在 B 为 0、C 为 1 的行其计算方法和经典命题逻辑中的计算方法不同：将该行裂分为两行，第一行的值为 1，第二行的值为 0。

考虑到第三步中的情况，对于第二步中有些不产生分裂行的 A 的子公式可以省略。

例如对于公式 $(p_0 \to p_1) \to (\neg p_1 \to \neg p_0)$ 就必须作如下处理：

表 3.4　类真值表 3

p_0	p_1	$\neg p_0$	$\neg p_1$	$p_0 \to p_1$	$\neg p_1 \to \neg p_0$	$(p_0 \to p_1) \to (\neg p_1 \to \neg p_0)$
1	1	0	0	1	1	1
1	0	0	1	0	0	1
0	1	1	0	1	1	1
					0	0
				0	1	1
					0	1
0	0	1	1	1	1	1

定理 3.4.1　知识蕴涵逻辑系统 D 是可判定的。

证明：

[1] 设 A 是任一知识蕴涵逻辑公式，v 是任一知识蕴涵逻辑赋值。令

$$v_A = v \mid_{Subform(A)}$$

那么有：对于任一公式 $B \in Subform(A)$，$v_A(B) = v(B)$，特别地，$v_A(A) = v(A)$。

给定公式 A 的一个类真值表 Q，对于 Q 中的第 $k(k \geq 2)$ 行，有一个映射 Q_k：

$$Subform(A) \to \{0,\ 1\}$$

使得当 $B \in Subform(A)$ 时，$Q_k(B)$ 等于 B 在第 k 行的值。

显然，对于任一赋值 v，总存在一个 Q_k，$Q_k = v_A$。

[2] 对于任一 Q_k，我们可以按照下面的方式将它扩张成一个从 $Form(L^D)$ 到 $\{0,\ 1\}$ 的映射 $\overline{Q_k}$：

对于任一知识蕴涵逻辑公式 B、C、D，

(1) 当 $B\in Subform(A)$ 时，$\overline{Q_k}=Q_k(B)$；

(2) 当 $B\notin Subform(A)$ 时，

① 如果 B 是原子公式，那么 $\overline{Q_k}(B)=1$；

② 如果 $B=\neg C$，那么 $\overline{Q_k}(B)=1$ 当且仅当 $\overline{Q_k}(C)=0$；

③ 如果 $B=C\wedge D$，那么 $\overline{Q_k}(B)=1$ 当且仅当 $\overline{Q_k}(C)=\overline{Q_k}(D)=1$；

④ 如果 $B=C\rightarrow D$，那么 $\overline{Q_k}(B)=0$ 当且仅当（$\overline{Q_k}(C)=1$ 且 $\overline{Q_k}(D)=0$）或者（$\overline{Q_k}(C)=0$，$\overline{Q_k}(D)=1$，并且 C 不 D 相关）。

容易验证，映射 $\overline{Q_k}$ 具有下述性质：

(1) $\overline{Q_k}(\neg B)=1$ 当且仅当 $\overline{Q_k}(B)=0$；

(2) $\overline{Q_k}(B\wedge C)=1$ 当且仅当 $\overline{Q_k}(B)=\overline{Q_k}(C)=1$；

(3) 如果 $\overline{Q_k}(B)=\overline{Q_k}(C)$，那么 $\overline{Q_k}(B\rightarrow C)=1$；

(4) $\overline{Q_k}(B)=1$ 并且 $\overline{Q_k}(C)=0$，那么 $\overline{Q_k}(B\rightarrow C)=0$；

(5) $\overline{Q_k}(B)=0$，$\overline{Q_k}(C)=1$，并且 B、C 相关，那么 $\overline{Q_k}(B\rightarrow C)=1$。

显然，$\overline{Q_k}$ 是一个知识蕴涵逻辑赋值，并且 $\overline{Q_k}\mid_{Subform(A)}=(\overline{Q_k})_A=Q_k$。

[3] 当类真值表 Q 中最后一列只含有 1 时，根据[1]可知，任一赋值 v 到 $Subform(A)$ 上的限制 v_A 都等于某个 Q_k，从而有：$v(A)=v_A(A)=Q_k(A)=1$。因此，A 在任一赋值下的值都是 1，即 A 是有效式，根据知识蕴涵逻辑系统 D 的完全性定理可知 A 是知识蕴涵逻辑系统 D 的定理。

当 A 为知识蕴涵逻辑系统 D 的定理时，根据知识蕴涵逻辑系统 D 的可靠性定理可知，A 在任一知识蕴涵逻辑赋值下的值都是 1，当然对各个 $\overline{Q_k}$ 也有 $\overline{Q_k}(A)=1$，从而有 $Q_k(A)=(\overline{Q_k})_A(A)=\overline{Q_k}(A)=1$。所以在 Q 中最后一列只含有 1。

所以，一知识蕴涵逻辑公式 A 是知识蕴涵逻辑系统 D 的定理，当且仅当，A 的类真值表 Q 中最后一列只含有 1。即类真值表提供了一个判定任一知识蕴涵逻辑公式是否是知识蕴涵逻辑系统 D 的定理的判定程序。

定理 3.4.2 使用类真值表方法可以判定定理 3.3.5 中的公式都不是系统 D 的定理。

证明：我们选证其中的两个。

表 3.5　类真值表 4

A	B	$\neg A$	$A\wedge\neg A$	$A\wedge\neg A\to B$
1	1	0	0	1
				0
1	0	0	0	1
0	1	1	0	1
				0
0	0	1	0	1

表 3.6　类真值表 5

A	B	C	$A\to B$	$B\to C$	$A\to C$	$(A\to B)\to((B\to C)\to(A\to C))$
1	1	1	1	1	1	1
1	1	0	1	0	0	1
1	0	1	0	1	1	1
				0	1	1
1	0	0	0	1	0	1
0	1	1	1	1	1	1
					0	0
			0	1	1	1
					0	1
0	1	0	1	0	1	1
			0	0	1	1
0	0	1	1	1	1	1
					0	0
				0	1	1
					0	1
0	0	0	1	1	1	1

定理 3.4.3　使用类真值表方法可以判定下列公式都是系统 D 的定理。

$(\neg A\to A)\to A$　　　　$(A\to\neg A)\to\neg A$

$(\neg A\to\neg B)\to(B\to(B\to A))$

$(\neg A\to B)\to(\neg B\to(\neg B\to A))$

$(A \to \neg B) \to (B \to (B \to \neg A))$

$(A \to B) \to (\neg B \to (\neg B \to \neg A))$

$(A \to B) \to ((A \to \neg B) \to \neg A)$

$(\neg A \to B) \to ((\neg A \to \neg B) \to A)$

对于系统 D 中的蕴涵关系 $A \to B$ 以及经典逻辑中的实质蕴涵关系 A ☯ B 有下述定理：

*DTh*6 $\vdash (A \to B)$ ☯ $(A$ ☯ $B)$

证明：

1 $(A \to B) \to (A \to (A \to B))$ *Ax*5

2 $((A \to B) \to (A \to (A \to B))) \to$
$((A \to B) \to ((A \to B) \to (A \to (A \to B))))$
*Ax*5

3 $(A \to B) \to ((A \to B) \to (A \to (A \to B)))$ 1、2 *MP*

4 $(A \to B)$ ☯ $(A$ ☯ $B)$ 4 ☯的定义

由 *DTh*6 可以看出，在经典逻辑蕴涵关系的意义上，如果 $A \to B$ 成立，则 $(A$ ☯ $B)$ 成立；反之如果 A ☯ B 成立，那么 $A \to B$ 未必成立。可见对于 A 和 B 之间是否存在蕴涵关系，经典蕴涵比系统 D 中的蕴涵断定的多。即对于 A 和 B，经典蕴涵认为有蕴涵关系 A ☯ B，但是在系统 D 中未必认为有蕴涵关系（$A \to B$）。这符合我们前述的分析。

定义 3.4.3 系统 D 中的公式 A 的 C 变形 A' 规定如下：

[1] 若 A 是原子公式，则 $A' = A$；

[2] 若 $A = \neg B$，则 $A' = \neg B'$；

[3] 若 $A = B \wedge C$，则 $A' = B' \wedge C'$；

[4] 若 $A = B \to C$，则 $A' = B'$ ☯ C'。

对于系统 D 和经典命题逻辑 PC 之间的关系，有如下两条定理：

定理 3.4.4 若 $\vdash_D A$，则 $\vdash_{PC} A'$。

定理 3.4.5 若公式 A 中只包含联结词 $\neg$、$\wedge$、$\vee$ 和 $\leftrightarrow$，则 $\vdash_D A$ 当且仅当 $\vdash_{PC} A$。

由定理 7.4 可知，$A \wedge \neg A \to B$ 不是系统 D 的定理，但是 $(A \wedge \neg A \to B)'$，即 $A' \wedge \neg A' \to B'$ 是经典命题逻辑 PC 的定理。所以，结合定理 7.4 可知，系统 D 弱于经典命题逻辑系统，但也仅仅是在蕴涵关系上弱于经典命题逻辑系统。而这也正是我们所希望的。

定理 3.4.6 设 A、B、$C \in Form(L^D)$，A、B、C 两两相关，则下列公式是系统 D 的定理：

[1] $A \to (B \to A)$

[2] $(A \to (B \to C)) \to ((A \to B) \to (A \to C))$

[3] $(\neg A \to B) \to ((\neg A \to \neg B) \to A)$

而这三个公式正是一般经典命题逻辑系统的三条公理。这说明当推演中涉及的公式相关的时候，知识蕴涵逻辑系统可以简化为经典命题逻辑系统。

知识蕴涵逻辑公理系统 D 具有可靠性、完全性和可判定性。知识蕴涵逻辑系统 D 可以提供一个分析、处理不协调的海量知识系统的逻辑工具。利用公理 $B \to (A \to (A \to B))$，可以将知识系统中真知识归为一类，利用公理 $\neg B \to (\neg A \to (A \to B))$，可以将知识系统中的假知识归为一类，利用公理 $B \to (\neg A \to (A \to B))$（其中 A 和 B 相关）可以将相互矛盾知识中的相关真知识演绎出来。

本章小结：基于对蕴涵关系的一种更加符合直觉的理解，在本章我们提出了一种不同于以往所有蕴涵关系的知识蕴涵，建立了知识蕴涵逻辑系统，在该系统中，司各脱法则不成立，因此这是一种新的弗协调逻辑系统。我们还进一步证明了该系统的可靠性、完全性和可判定性等。

第四章　知识蕴涵模态逻辑

在这一章，我们将知识蕴涵逻辑拓展到模态领域，建立知识蕴涵模态命题逻辑系统，并考察这些系统的元理论性质。证明美国逻辑学家 Clarence Irving Lewis 所建立的严格蕴涵系统中的严格蕴涵悖论在知识蕴涵模态命题逻辑系统中不会出现。

4.1 模态语言

定义 4.1.1　知识蕴涵模态命题逻辑的形式语言 L^{MP} 由知识蕴涵命题逻辑语言附加模态符号□而得。包括下列四类初始符号构成：

[1]　p_0， p_1， …， p_n， … ；

[2]　¬， →， ∧；

[3]　□；

[4]　)， (。

形式语言 L^{MP} 中的第一类符号称为命题符号，第二类符号是命题联结词符号，第三类符号称为必然算子，读作“必然”，第四类符号是左右括号。初始符号组成的有穷序列称为符，全体符所形成的集合记为 $Expr(L^{MP})$ 。

定义 4.1.2　L^{MP} 中的一个表达式是原子公式，当且仅当它是一个单独的命题符号。

由 L^{MP} 中所有原子公式构成的集合记为 $Atom(L^{MP})$ 。我们用大写字母 A 、B 、C 、D 等表示任意的公式，用符号 Σ 、Γ 、Δ 等表示任意的公式集，由 L^{MP} 中所有公式构成的集合记为 $Form(L^{MP})$ 。

定义 4.1.3 $(Form(L^{MP}))$　$A \in Form(L^{MP})$ ，当且仅当它能（有穷次）由下列规则而得：

[1] $Atom(L^{MP}) \subseteq Form(L^{MP})$；

[2] 如果 $A \in Form(L^{MP})$，则 $(\neg A) \in Form(L^{MP})$、$(\Box A) \in Form(L^{MP})$；

[3] 如果 A、$B \in Form(L^{MP})$，那么 $(A \wedge B) \in Form(L^{MP})$、$(A \to B) \in Form(L^{MP})$。

括号省略规则与经典命题逻辑相同。

定理 4.1.1（**公式归纳原理**）　令 P 是关于符的一个性质。如果:

[1] 对于任何命题符 p，$P(p)$；

[2] 如果 $P(A)$ 成立，则 $P(\neg A)$、$P(\Box A)$ 成立;

[3] 如果 $P(A)$、$P(B)$ 成立，则 $P(A \wedge B)$、$P(A \to B)$ 也都成立;

那么所有公式都具有性质 P。

定义 4.1.4 设 $A \in Form(L^{MP})$，$Atomic(A)$ 定义如下:

[1] 如果 A 是原子公式，那么 $Atomic(A) = \{A\}$；

[2] 如果 $A = \neg B$，那么 $Atomic(A) = Atomic(B)$；

[3] 如果 $A = \Box B$，那么 $Atomic(A) = Atomic(B)$；

[4] 如果 $A = B \wedge C$，那么 $Atomic(A) = Atomic(B) \bigcup Atomic(C)$；

[5] 如果 $A = B \to C$，那么 $Atomic(A) = Atomic(B) \bigcup Atomic(C)$。

定义 4.1.5　称 A、B 相关，当且仅当 $Atomic(A) \bigcap Atomic(B) \neq \varnothing$。

为了使形式语言的表达更加灵活，同时也为了简化公式，下面我们引入一些简写符号。

定义 4.1.6

$A \vee B =_{def} \neg(\neg A \wedge \neg B)$；

$A \leftrightarrow B =_{def} (A \to B) \wedge (B \to A)$；

A ☯ $B =_{def} A \to (A \to B)$；

$\Diamond A =_{def} (\neg \Box (\neg A))$。

符号◇称为可能算子，读作“可能”。

4.2 知识蕴涵模态逻辑公理系统

定义 4.2.1　设 L^{MP} 是一知识蕴涵模态语言，$\langle W, R\rangle$ 是任一二元组，$\langle W, R\rangle$ 是一个正规框架（简称框架），当且仅当，W 是任一非空集，R 是 W 上的二元关系，即 $R \subseteq W \times W$。

定义 4.2.2 设$\langle W,R\rangle$是任意框架，V是$\langle W,R\rangle$上对$Form(L^{MP})$中公式的一个赋值，当且仅当，V是$Form(L^{MP})$与W的笛卡尔积到集合$\{1,0\}$上的映射，即

$$V：Form(L^{MP})\times W\rightarrow\{1,\ 0\}$$

并满足以下条件：对$Form(L^{MP})$中的任意公式A、B，任意的$w\in W$，

[1] $V(\neg A,w)=1$，当且仅当$V(A,w)=0$；

[2] $v(A\wedge B,w)=1$，当且仅当，$v(A,w)=v(B,w)=1$；

[3] 如果$v(A,w)=v(B,w)$，那么$v(A\rightarrow B,w)=1$；

[4] 如果$v(A,w)=1$，$v(B,w)=0$，那么$v(A\rightarrow B,w)=0$；

[5] 如果$v(A,w)=1$，$v(B,w)=1$，并且A、B相关，那么$v(A\rightarrow B,w)=1$；

[6] $V(\Box A,w)=1$，当且仅当对于任一$w'\in W$，若Rww'，则$V(A,w')=1$。

由此可以根据定义求出∧、∨、↔、◇等的语义规定。

[7] $V(A\vee B,w)=1$，当且仅当$V(A,w)=1$或者$V(B,w)=1$；

[8] $V(A\leftrightarrow B,w)=1$，当且仅当（$V(A,w)=1$并且$V(B,w)=1$）或者（$V(A,w)=0$并且$V(B,w)=0$）；

[9] $V(\Diamond A,w)=1$，当且仅当存在一$w'\in W$，Rww'并且$V(A,w')=$ 。

定义 4.2.3 设$\langle W,R,V\rangle$是任一三元组，$\langle W,R,V\rangle$是一L^{MP}模型，当且仅当，$\langle W,R\rangle$是一个框架，V是在$\langle W,R\rangle$上的一个赋值。

我们将使用F、M、**F**、**M**来分别表示框架、模型、框架类、模型类。

定义 4.2.4 设$\langle W,R,V\rangle$是任意模型，$A\in Form(L^{MP})$，w是W中的任意元素($w\in W$)，

[1] 称A在w上是真的，当且仅当$V(A,w)=1$，又记为$\langle W,R,V\rangle\models w\ A$；

[2] 称A在$\langle W,R,V\rangle$上是可满足的，当且仅当存在$w\in W$，使得$\langle W,R,V\rangle\models w\ A$；

[3] 称A在模型$\langle W,R,V\rangle$上有效，记作$\langle W,R,V\rangle\models A$，当且仅当，对任意的$w\in W$，都有$\langle W,R,V\rangle\models w\ A$。

定义 4.2.5 设F是任意框架，A是任意公式，A在F上有效，记作

$F\models A$，当且仅当，对 F 上的任意赋值 V 都有 $\langle F,V\rangle\models A$。

定义 4.2.6 设 $\mathbf{F}$ 是任意框架类，$A\in Form(L^{MP})$，A 在 $\mathbf{F}$ 上有效，记作 $\mathbf{F}\models A$，当且仅当，对任意框架 $F\in\mathbf{F}$，都有 $F\models A$。

定义 4.2.7 设 $\mathbf{M}$ 是任意模型类，$A\in Form(L^{MP})$，A 在 $\mathbf{M}$ 上有效，记作 $\mathbf{M}\models A$，当且仅当，对任意模型 $M\in\mathbf{M}$，都有 $M\models A$。

定义 4.2.8 设 φ 表示任一性质，F 是任一框架，

[1] 如果 F 中的关系 R 具有性质 φ，则称 F 为 φ 框架，记作 F_φ；

[2] 设 F_φ 为任一 φ 框架，F_φ 上的任一模型 M 称为 φ 模型，记作 M_φ；

[3] φ 框架形成的框架类称为 φ 框架类，记作 $\mathbf{F}_\varphi$；

[4] 全部 φ 模型形成的模型类称为 φ 模型类，记作 $\mathbf{M}_\varphi$。

定义 4.2.9 设 A 是任一公式，若 A 在任一模型上都是有效的，则称公式 A 为有效式，记作 $\models A$；若 A 在所有 φ 模型上都是有效的，则称 A 为 φ 模型有效的，简称 A 为 φ 有效的，记作 $\mathbf{M}_\varphi\models A$，简记为 $\varphi\models A$。

定理 4.2.1 设 A、B 为任意的知识蕴涵逻辑公式，则

[1] $\models A\to A$

[2] $\models B\to(A\to(A\to B))$

[3] $\models\neg B\to(\neg A\to(A\to B))$

[4] $\models B\to(\neg A\to(A\to B))$，其中 A 和 B 相关。

[5] $\models(A\to B)\to(A\to(A\to B))$

[6] $\models(A\to(A\to(B\to C)))\to((A\to(A\to B))\to(A\to(A\to C)))$

[7] $\models A\wedge B\to A$

[8] $\models A\wedge B\to B$

[9] $\models A\to(B\to A\wedge B)$

[10] $\models(A\to(A\to B))\to((A\to(A\to\neg B))\to\neg A)$

[11] $\models\neg\neg A\to A$

[12] $\models\Box(A\to(A\to B))\to(\Box A\to(\Box A\to\Box B))$

证明：其他略。

[12] 假设 $\Box(A\to(A\to B))\to(\Box A\to(\Box A\to\Box B))$ 不是有效式，则存在模型 $M=\langle W,R,V\rangle$，并存在 $w\in W$，使得：

(1) $V(\Box(A\to(A\to B))\to(\Box A\to(\Box A\to\Box B)),w)=0$

根据定义 4.2.2 可得：

(2) $V(\Box(A\to(A\to B)),w)=1$

(3) $V(\Box A\to(\Box A\to\Box B),w)=0$

由(3)可得：

(4) $V(\Box A,w)=1$

(5) $V(\Box A\to\Box B,w)=0$

由(4)和(5)可得：

(6) $V(\Box B,w)=0$

由(6)可得：

(7) 存在$w'\in W$，wRw'并且$V(B,w')=0$

由(4)和(7)可得：

(8) $V(A,w')=1$

由(7)和(8)可得：

(9) $V(A\to B,w')=0$

(10) $V(A\to(A\to B),w')=0$

由(10)可得：

(11) $V(\Box(A\to(A\to B)),w)=0$

(2)和(11)矛盾，所以假设不成立。因此，$\Box(A\to(A\to B))\to(\Box A\to(\Box A\to\Box B))$是有效式。

定理 4.2.2 如果$\models A$，并且$\models A\to B$，那么$\models B$。

定理 4.2.3 如果$\models A$，那么$\models\Box A$。

定理 4.2.4 设A、B为任意的知识蕴涵模态命题逻辑公式，则：

[1] $\models\Box(A\to B)\to(\Box A\to(\Box A\to\Box B))$；

[2] $\models\Box A\wedge\Box B\leftrightarrow\Box(A\wedge B)$；

[3] $\models\Box A\vee\Box B\to\Box(A\vee B)$；

[4] $\models\Box(A\vee B)\to\Box A\vee\Diamond B$；

[5] $\models\Diamond A\vee\Diamond B\leftrightarrow\Diamond(A\vee B)$；

[6] $\models\Diamond(A\wedge B)\to\Diamond A\wedge\Diamond B$；

[7] $\models\Box A\wedge\Diamond B\to\Diamond(A\wedge B)$；

[8] $\models\Box\neg A\leftrightarrow\neg\Diamond A$；

[9] $\models\neg\Box A\leftrightarrow\Diamond\neg A$；

[10] $\models\Box A\leftrightarrow\neg\Diamond\neg A$。

定理 4.2.5　下列公式都不是有效式：

[1] $\Box A \to \Box (B \to A)$；

[2] $\neg \Diamond A \to (A \to B)$；

[3] $\Box (A \to B \vee \neg B)$；

[4] $\Box B \to (A \to B)$；

[5] $\Box (A \to B) \to (\Box A \to \Box B)$；

[6] $\Box A \to \Box (\neg A \to B)$；

[7] $\Box (A \wedge \neg A) \to \Box B$；

[8] $\Box A \to (\Box \neg A \to \Box B)$。

定义 4.2.10　知识蕴涵模态命题逻辑系统 K 是在知识蕴涵命题逻辑系统 D 的基础上扩充而成的。它是在系统 D 中增加一条模态公理：

$$\text{K 公理：} \Box (A \to (A \to B)) \to (\Box A \to (\Box A \to \Box B))$$

和一条推理规则：

$$\text{必然化规则：如果} \vdash A\text{，那么} \vdash \Box A$$

而构成的。

定义 4.2.11　公式 A 由公式集 Σ 形式可推演，当且仅当存在公式序列

$$A_1,\ A_2,\ \cdots,\ A_{n-1},\ A_n$$

使得 $A_n = A$，并且每一个 $A_k (1 \le k \le n)$ 满足下列条件之一：

[1] A_k 是公理；

[2] $A_k \in \Sigma$；

[3] 有 i，$j < k$，使得 $A_i = A_j \to A_k$；

[4] 存在 $i < k$，$\vdash A_i$ 并且 $A_k = \Box A_i$。

如果公式 A 由公式集 Σ 形式可推演，则称 Σ 可推演出 A，符号记为 $\Sigma \vdash_K A$，也简记为：$\Sigma \vdash A$。

定义 4.2.13　如果公式 A 由 $\varnothing$ 形式可推演，则称公式 A 是可证明的。由 $\varnothing$ 到 A 形式可推演的一个公式序列称为公式 A 的一个证明。如果公式 A 是可证明的，则称公式 A 为系统 K 的定理，符号记为 $\vdash_K A$，也简记为：$\vdash A$。为了与其它的定理相区别，在下文中，我们将系统 K 内的定理记为 KTh。

根据形式可推演的定义，显然有：

定理 4.2.6　对于任意公式 A 和公式集 Σ、Σ'，有：

[1] 如果$A \in \Sigma$，那么$\Sigma \vdash A$；

[2] 如果$\Sigma \vdash A$，那么Σ、$\Sigma' \vdash A$；

[3] 如果$\Sigma \vdash \Sigma'$，$\Sigma' \vdash A$，那么$\Sigma \vdash A$；

[4] 如果$\Sigma \vdash A$，那么存在Σ的有限子集Σ'，$\Sigma' \vdash A$。

定理 4.2.7(K 演绎定理) 如果$\Gamma \cup \{A\} \vdash B$，那么$\Gamma \vdash A \to (A \to B)$。

证明：

基本和 D 演绎定理证明相同。只需在归纳步骤中增加证明第 5 种情形：$B = \Box B'$。

在该种情形之下，B'是一定理，那么由必然化规则可得：$\Box B'$，根据 D 系统中的公理$Ax2$可得：$\Box B' \to (A \to (A \to \Box B'))$，根据分离规则可得$A \to (A \to \Box B')$，再根据定理 4.2.6[2]可得：$\Gamma \vdash A \to (A \to \Box B')$，此即$\Gamma \vdash A \to (A \to B)$。

导出规则 4.2.1 如果$\vdash A \to (A \to B)$，那么$\vdash \Box A \to (\Box A \to \Box B)$。

4.3 系统的元理论

定理 4.3.1(公理系统 K 的可靠性) 在模态逻辑系统 K 中，如果$\vdash A$，则$\models A$。

证明：

假设$\vdash A$，施归纳于公式A的证明长度 n。

[1] 归纳基始：当 n=1 时，A必定由公理直接得出，由定理 4.2.1 直接可得：$\models A$。

[2] 归纳步骤：假设当 n≤ m 时命题成立，往证 n=m+1 时命题也成立。

当 n=m+1 时，

(1) A由公理直接得出。同[1]有$\models A$。

(2) A由分离规则得出。则一定存在公式B和$B \to A$，A由它们分离得出。而公式B和$B \to A$的证明长度一定小于或等于 m，由归纳假设可得：$\models B$且$\models B \to A$，由定理 4.2.2 可得：$\models A$。

(3) A由必然化规则得出。设A为$\Box B$，则一定存在公式B，A由B经使用必然化规则得出。而公式B的证明长度一定小于或等于 m，由归纳假设可得：$\models B$，由定理 4.2.3 可得：$\models \Box B$，即$\models A$。

由定理 4.3.1 和定理 4.2.5 可知：

定理 4.3.2　下列公式都不是系统 K 的定理：

[1] $\Box A \to \Box(B \to A)$；

[2] $\neg\Diamond A \to \Box(A \to B)$；

[3] $\Box(A \wedge \neg A \to B)$；

[4] $\Box(A \to B \vee \neg B)$；

[5] $\Box B \to \Box(A \to B)$；

[6] $\Box B \to (A \to B)$；

[7] $\Box(A \to B) \to (\Box A \to \Box B)$；

[8] $\Box A \to \Box(\neg A \to B)$；

[9] $\Box(A \wedge \neg A) \to \Box B$；

[10] $\Box A \to (\Box\neg A \to \Box B)$。

美国逻辑学家 Clarence Irving Lewis 为了避免通常所说的实质蕴涵悖论：$A \to (B \to A)$ 和 $\neg A \to (A \to B)$，建立了一系列严格蕴涵逻辑系统。但是在他的系统中仍然有所谓的严格蕴涵悖论：$\neg\Diamond A \to (A \prec B)$、$A \wedge \neg A \prec B$、$A \prec B \vee \neg B$ 和 $\Box B \to (A \prec B)$。因为严格蕴涵 $A \prec B$ 可以定义为 $\Box(A \to B)$，所以严格蕴涵悖论相当于定理 4.3.2 中的[2]、[3]、[4]、[5]。由此可见，Clarence Irving Lewis 所建立的严格蕴涵系统中的严格蕴涵悖论在知识蕴涵模态命题逻辑系统中不会出现。

下面我们讨论的系统 S 指的都是知识蕴涵模态命题逻辑系统 K 的扩充系统（包括系统 K）。

定义 4.3.1　设 $\Sigma \subseteq Form(L^{MP})$，称 Σ 是 S 协调的，当且仅当不存在公式 A，$\Sigma \vdash_S A$ 并且 $\Sigma \vdash_S \neg A$。

定义 4.3.2　设 S 是任一系统，Σ 是任意公式集，Σ 是 S 极大协调的，当且仅当 Σ 满足：

[1] Σ 是 S 协调的；

[2] 对任意公式 A，如果 $A \notin \Sigma$，则 $\Sigma \cup \{A\}$ 不是 S 协调的。

定理 4.3.3　设 Σ 是 S 极大协调集。对于任何公式 A 和 B，

[1] $\neg A \in \Sigma$ 当且仅当 $A \notin \Sigma$；

[2] $A \wedge B \in \Sigma$ 当且仅当 $A \in \Sigma$ 并且 $B \in \Sigma$；

[3] 如果 $A \in \Sigma$ 并且 $B \in \Sigma$，那么 $A \to B \in \Sigma$；

[4] 如果$A\in\Sigma$并且$B\notin\Sigma$，那么$A\to B\notin\Sigma$；

[5] 如果$A\notin\Sigma$，$B\in\Sigma$，并且A和B相关，那么$A\to B\in\Sigma$；

[6] 如果$A\notin\Sigma$并且$B\notin\Sigma$，那么$A\to B\in\Sigma$。

[7] 如果A, $A\to B\in\Sigma$，则$B\in\Sigma$。

定理 4.3.4 设L是系统 S 所使用的语言，若L是可数语言，则任何 S 协调的公式集都能够扩充为 S 极大协调集。

证明：

设Σ是任一 S 协调的公式集。因为L是可数语言，令

$$[※]：A_1，A_2，\cdots，A_n，\cdots，$$

是 S 所用语言中所有公式的一个排列。我们定义一个公式集的无限序列Σ_0，Σ_1，Σ_2，…，Σ_n，…，如下：

[1] $\Sigma_0=\Sigma$，

[2]

$$\Sigma_{n+1}=\begin{cases}\Sigma_n\bigcup\{A_{n+1}\}，\text{如果}\Sigma_n\bigcup\{A_{n+1}\}\text{是 S 协调的，}\\ \Sigma_n，\text{否则。}\end{cases}$$

于是有

[3] $\Sigma_n\subseteq\Sigma_{n+1}$，

[4] 对于任一$n(\in\omega)$，Σ_n是 S 协调的。

令$\Sigma^*=\bigcup\limits_{n\in\omega}\Sigma_n$。那么有

[5] $\Sigma\subseteq\Sigma^*$，

[6] Σ^*是 S 极大协调的。

下面证明[6]。

先证Σ^*是协调的。假设Σ^*不是协调的。那么存在公式B，使得$\Sigma^*\vdash B$，并且$\Sigma^*\vdash\neg B$。根据定理 4.2.6 可知，存在Σ^*中的有限个公式B_1，…，B_k，B_{k+1}，…，B_{k+l}，使得

[7] B_1，…，$B_k\vdash B$，

[8] B_{k+1}，…，$B_{k+l}\vdash\neg B$。

所以，$\{B_1,\cdots,B_k,\cdots,B_{k+l}\}$是不协调的。设$B_i\in\Sigma_{m_i}$ $(1\le i\le k+l, m_i\in\omega)$，令$m=max(m_1,\cdots,m_k,\cdots,m_{k+l})$。由[3]可得，$\{B_1,\cdots,B_k,\cdots,B_{k+l}\}\subseteq\Sigma_m$，因此$\Sigma_m$是不协调的。这与[4]矛盾。所以，$\Sigma^*$是协调的。

再证Σ^*是S极大协调的。任取L中的一个公式C，设$C = A_m$。如果$A_m \notin \Sigma^*$，那么根据Σ_m的定义可知，$A_m \notin \Sigma_m$，由此可见，$\Sigma_{m-1} \cup \{A_m\}$不是S协调的，所以$\Sigma^* \cup \{A_n\}$不是S协调的。

定理 4.3.5　设S是任一知识蕴涵模态命题逻辑系统K的扩充，A是任一公式，$\vdash A$，当且仅当，对每个S极大协调集Σ，$A \in \Sigma$。

定义 4.3.3　令Γ是任一公式集，$\Box^-(\Gamma) =_{def} \{A: \Box A \in \Gamma\}$；设$\Sigma$和$\Sigma'$是任意的S极大协调集，如果存在$\neg \Box A \in \Sigma$，且$\Box^-(\Gamma) \cup \{\neg A\} \subseteq \Sigma'$，则称$\Sigma'$是$\Sigma$的从属集。

定理 4.3.6 设Γ是任一公式集，A是任意公式，如果Γ是S协调的，且$\neg \Box A \in \Gamma$，则$\Box^-(\Gamma) \cup \{\neg A\}$是S协调的。

证明：

假设$\Box^-(\Gamma) \cup \{\neg A\}$不是S协调的。那么存在$\Box^-(\Gamma) \cup \{\neg A\}$的有穷子集$\{B_1, \cdots, B_n, \neg A\}$不是S协调的，其中$\{B_1, \cdots, B_n\} \subseteq \Box^-(\Gamma)$。因此，存在公式$C$，使得：

$B_1, \cdots, B_n, \neg A \vdash_S C$

$B_1, \cdots, B_n, \neg A \vdash_S \neg C$

由此依次可得：

$B_1, \cdots, B_n \vdash_S \neg A \to (\neg A \to C)$

$B_1, \cdots, B_n \vdash_S \neg A \to (\neg A \to \neg C)$

$B_1, \cdots, B_n \vdash_S (\neg A \to (\neg A \to C)) \to ((\neg A \to (\neg A \to \neg C)) \to \neg\neg A)$

$B_1, \cdots, B_n \vdash_S (\neg A \to (\neg A \to \neg C)) \to \neg\neg A$

$B_1, \cdots, B_n \vdash_S \neg\neg A$

$B_1, \cdots, B_n \vdash_S \neg\neg A \to A$

$B_1, \cdots, B_n \vdash_S A$

$B_1, \cdots, B_{n-1} \vdash_S B_n \to (B_n \to A)$

……

$\vdash_S B_1 \to (B_1 \to \cdots (B_n \to (B_n \to A)) \cdots)$

$\vdash_S \Box B_1 \to (\Box B_1 \to \Box \cdots (B_n \to (B_n \to A)) \cdots)$

$\Box B_1, \Box B_2, \cdots, \Box B_n \vdash_S \Box$

$\qquad B_1 \to (\Box B_1 \to \Box (B_2 \to \cdots (B_n \to (B_n \to A)) \cdots))$

$\Box B_1, \Box B_2, \cdots, \Box B_n \vdash_S \Box B_1$

$\Box B_1, \Box B_2, \cdots, \Box B_n \vdash_S \Box B_1 \to \Box(B_2 \to \cdots(B_n \to (B_n \to A))\cdots)$

$\Box B_1, \Box B_2, \cdots, \Box B_n \vdash_S \Box(B_2 \to \cdots(B_n \to (B_n \to A))\cdots)$

$\Box B_1, \Box B_2, \cdots, \Box B_n \vdash_S \Box(B_2 \to \cdots(B_n \to (B_n \to A))\cdots)$

$\to(\Box B_2 \to (\Box B_2 \to \Box(B_3 \to \cdots(B_n \to (B_n \to A))\cdots)))$

$\Box B_1, \Box B_2, \cdots, \Box B_n \vdash_S \Box$

$$B_2 \to (\Box B_2 \to \Box(B_3 \to \cdots(B_n \to (B_n \to A))\cdots))$$

$\Box B_1, \Box B_2, \cdots, \Box B_n \vdash_S \Box B_2$

……

$\Box B_1, \Box B_2, \cdots, \Box B_n \vdash_S \Box A$

这表明$\{\Box B_1, \cdots, \Box B_n, \neg\Box A)\}$不是S协调的，因此$\Gamma$不是S协调的。

定理 4.3.7　设Σ是任一S极大协调集，A是任一公式，如果$\neg\Box A \in \Sigma$，则存在Σ的从属集Σ'。

定义 4.3.4　设S是任一模态逻辑系统，

[1] 二元组$<W_S, R_S>$是S的典范框架，当且仅当，W_S是所有S极大协调集的集合，R_S是W_S上满足以下条件的二元关系，对任意的Σ'，$\Sigma \in W_S$，

$$\Sigma R_S \Sigma' \Leftrightarrow \Box^{-}(\Sigma) \subseteq \Sigma';$$

[2] 三元组$<W_S, R_S, V_S>$是S的典范模型M_S，当且仅当，$<W_S, R_S>$是S的典范框架，并且V_S是满足以下条件的赋值：对任意的命题变元p，任意的$\Sigma \in W_S$，

$$V_S(p, \Sigma)=1 \Leftrightarrow p \in \Sigma。$$

定理 4.3.8（**S典范模型基本定理**）设S是任一知识蕴涵模态命题逻辑系统，$<W_S, R_S, V_S>$是S的典范模型，A是任一模态公式，对任意的$\Sigma \in W_S$，

$$V_S(A, \Sigma)=1 \Leftrightarrow A \in \Sigma。$$

证明：

施归纳于公式A的结构。

[1] A为原子公式，根据定义，显然成立；

[2] $A=\neg B$或者$A=B \wedge C$或者$A=B \to C$与知识蕴涵命题逻辑中的证明相同；

[3] $A=\Box B$。　　$A\in\Sigma\Leftrightarrow\Box B\in\Sigma$

$\Rightarrow$对于任意的Σ'，如果$\Sigma R_S\Sigma'$，则$B\in\Sigma'$

$\Rightarrow$对于任意的Σ'，如果$\Sigma R_S\Sigma'$，则$V_S(B,\ \Sigma')=1$

$\Leftrightarrow V_S(\Box B,\ \Sigma)=1$

$\Leftrightarrow V_S(A,\ \Sigma)=1$

$A\notin\Sigma\Leftrightarrow\Box B\notin\Sigma$

$\Leftrightarrow\neg\Box B\in\Sigma$

$\Rightarrow$存在Σ的从属集Σ'，　$\Sigma R_S\Sigma'$且$\neg B\in\Sigma'$，

$\Rightarrow$存在Σ的从属集Σ'，　$\Sigma R_S\Sigma'$且$B\notin\Sigma'$，

$\Rightarrow$存在Σ的从属集Σ'，　$\Sigma R_S\Sigma'$且$V_S(B,\ \Sigma')=0$，

$\Leftrightarrow V_S(\Box B,\ \Sigma)=0$

$\Leftrightarrow V_S(A,\ \Sigma)\neq 1$。

定理 4.3.9　设 S 是任一知识蕴涵模态命题逻辑系统，A是任一公式，M_S是任一典范模型。

$$M_S\models A\Rightarrow\vdash_S A。$$

证明：

假设$\nvdash_S A$，则$\neg A$是 S 协调的，则存在 S 极大协调集Σ，$\neg A\in\Sigma$，根据定理 4.3.8 有$\Sigma\in W_S$，且$V_S(\neg A,\ \Sigma)=1$。因此，$V_S(A,\ \Sigma)=0$。所以$M_S\nvDash A$。

定理 4.3.10（K **系统完全性定理**）　如果$\models A$，那么$\vdash A$。

证明：

如果$\models A$，那么A在任意模型下有效，因此有$M_K\models A$，根据定理 4.3.9 可得：$\vdash_K A$，此即为$\vdash A$。

根据 K 系统完全性定理和定理 4.2.4，在知识蕴涵模态命题逻辑系统 K 中有如下定理：

定理 4.3.11

[1] $\vdash\Box(A\to B)\to(\Box A\to(\Box A\to\Box B))$；

[2] $\vdash\Box A\wedge\Box B\leftrightarrow\Box(A\wedge B)$；

[3] $\vdash\Box A\vee\Box B\to\Box(A\vee B)$；

[4] $\vdash\Box(A\vee B)\to\Box A\vee\Diamond B$；

[5] $\vdash\Diamond A\vee\Diamond B\leftrightarrow\Diamond(A\vee B)$；

[6] $\vdash\Diamond(A\wedge B)\rightarrow\Diamond A\wedge\Diamond B$；

[7] $\vdash\Box A\wedge\Diamond B\rightarrow\Diamond(A\wedge B)$；

[8] $\vdash\Box\neg A\leftrightarrow\neg\Diamond A$；

[9] $\vdash\neg\Box A\leftrightarrow\Diamond\neg A$；

[10] $\vdash\Box A\leftrightarrow\neg\Diamond\neg A$。

定义 4.3.5　$\Box^n A$和$\Diamond^n A$递归定义如下：

$\Box^1 A=\Box A$

$\Box^{m+1} A=\Box\Box^m A$

$\Diamond^1 A=\Diamond A$

$\Diamond^{m+1} A=\Diamond\Diamond^m A$

定义 4.3.6　知识蕴涵模态命题逻辑系统 G 是在知识蕴涵模态命题逻辑系统 K 中增加公理模式 G：

公理模式 G：$\Diamond^j\Box^k A\rightarrow\Diamond^l\Box^m A$

扩充而成的。

显然，知识蕴涵模态命题逻辑系统K中的定理仍然是系统G中的定理。

实际上，知识蕴涵模态命题逻辑系统 G 是一个知识蕴涵模态命题逻辑系统模式，代表着一系列的知识蕴涵模态命题逻辑系统。当其中的j、k、l、m取定不同的自然数，即得到不同的知识蕴涵模态命题逻辑系统。例如，当$j=0$，$k=1$，$l=1$，$m=0$，得到的是包含公理 D：$\Box A\rightarrow\Diamond A$的知识蕴涵模态命题逻辑系统 D；当$j=0$，$k=1$，$l=0$，$m=0$，得到的是包含公理 T：$\Box A\rightarrow A$的知识蕴涵模态命题逻辑系统 T。

定义 4.3.7

一个G'框架是指R关系满足下述条件的一个框架$\langle W,R\rangle$：如果$w_1R^jw_2$并且$w_1R^lw_3$，则存在W中元素w_4，使得$w_2R^kw_4$并且$w_3R^mw_4$。其中j、k、l、m是给定的自然数，W上的关系R^n递归定义如下：

$wR^0w'\Leftrightarrow w=w'$

$wR^{m+1}w'\Leftrightarrow$存在$W$中元素$w''$，使得$wRw''$并且$w''R^mw'$。

定义 4.3.8　当$\langle W,R\rangle$是G'框架，则称$\langle W,R,V\rangle$是G'模型。

定理 4.3.12　公理模式 G 是G'有效的，即$G'\vDash\Diamond^j\Box^k A\rightarrow\Diamond^l\Box^m A$。

证明：

假设$\langle W,R,V\rangle$是任一G'模型。对于任一$w\in W$，假定$V(\Diamond^j\Box$

$^{k}A, w)=1$。则：

$$\exists w_1(w_1 \in W \wedge wR^j w_1 \wedge \forall w_2(w_2 \in W \wedge w_1 R^k w_2 \to V(A, w_2)=1))$$

任取 $w_3 \in W$，使得 $wR^l w_3$。因为 $\langle W,R,V\rangle$ 是 G' 模型，所以 $\langle W,R\rangle$ 是一个 G' 框架，因此根据定义，则存在 W 中元素 w_4，使得 $w_1 R^k w_4$ 并且 $w_3 R^m w_4$，因此 $V(A, w_4)=1$。这样就有：$V(\Diamond^l \Box^m A, w)=1$。

由 $\langle W,R,V\rangle$ 的任意性可知公理模式 G: $\Diamond^j \Box^k A \to \Diamond^l \Box^m A$ 是 G' 有效的。

定理 4.3.13（公理系统 G 的可靠性定理）　如果 $\vdash_G A$，那么 $G' \vDash A$。

定义 4.3.9

[1] 二元组 $< W_G,\ R_G >$ 是 G 的典范框架，当且仅当，W_G 是所有 G 极大协调集的集合，R_G 是 W_G 上满足以下条件的二元关系，对任意的 Σ'，$\Sigma \in W_G$，

$\Sigma R_G \Sigma' \Leftrightarrow \Box^-(\Sigma) \subseteq \Sigma'$；

[2] 三元组 $< W_G,\ R_G,\ V_G >$ 是 G 的典范模型 M_G，当且仅当，$< W_G,\ R_G >$ 是 G 的典范框架，并且 V_G 是满足以下条件的赋值：对任意的命题变元 p，任意的 $\Sigma \in W_G$，

$V_G(p,\ \Sigma)=1 \Leftrightarrow p \in \Sigma$。

施归纳于 k 容易证明：

定理 4.3.14　设 $< W_G,\ R_G >$ 是 G 的典范框架，对任意的 Σ'，$\Sigma \in W_G$，

$$\Sigma R_G{}^k \Sigma' \Leftrightarrow \left\{A \in Form(L^{MP}) : \Box^k A \in \Sigma\right\} \subseteq \Sigma'$$
$$\Leftrightarrow \left\{\Diamond^k A \in Form(L^{MP}) : A \in \Sigma'\right\} \subseteq \Sigma。$$

定理 4.3.15 $< W_G,\ R_G >$ 是 G' 框架。

证明：

根据定义就是要证明：任取 $\Sigma_1, \Sigma_2, \Sigma_3 \in W_G$，如果 $\Sigma_1 R_G{}^j \Sigma_2$ 并且 $\Sigma_1 R_G{}^l \Sigma_3$，则存在 $\Sigma_4 \in W_G$，$\Sigma_2 R_G{}^k \Sigma_4$ 并且 $\Sigma_3 R_G{}^m \Sigma_4$。

根据定理 4.3.14 就是要证明：

$\left\{\Diamond^j A : A \in \Sigma_2\right\} \subseteq \Sigma_1$ 并且 $\left\{A : \Box^l A \in \Sigma_1\right\} \subseteq \Sigma_3$

$$\Rightarrow \exists \Sigma_4(\Sigma_4 \in W_G \wedge \left\{A : \Box^k A \in \Sigma_2\right\} \cup \left\{A : \Box^m A \in \Sigma_3\right\} \subseteq \Sigma_4)。$$

假设 $\left\{A : \Box^k A \in \Sigma_2\right\} \cup \left\{A : \Box^m A \in \Sigma_3\right\}$ 是不协调的。则存在公式 C，

$$\left\{A : \Box^k A \in \Sigma_2\right\} \cup \left\{A : \Box^m A \in \Sigma_3\right\} \vdash_G C$$

并且 $\left\{A : \Box^k A \in \Sigma_2\right\} \cup \left\{A : \Box^m A \in \Sigma_3\right\} \vdash_G \neg C$

这样，一定存在$\{A:\Box^k A\in\Sigma_2\}\cup\{A:\Box^m A\in\Sigma_3\}$的一个有限子集$\Sigma'$，

$$\Sigma'\vdash_G C \text{ 并且 } \Sigma'\vdash_G \neg C$$

这样，则一定存在$\{A:\Box^k A\in\Sigma_2\}$中有$B_1,B_2,\cdots,B_a$并且$\{A:\Box^m A\in\Sigma_3\}$中有$C_1,C_2,\cdots,C_b$，使得：

$$B_1,B_2,\cdots,B_a,C_1,C_2,\cdots,C_b\vdash_G C$$

$$\text{并且 } B_1,B_2,\cdots,B_a,C_1,C_2,\cdots,C_b\vdash_G \neg C$$

进而可得：

$B_1,B_2,\cdots,B_a,C_1\wedge\cdots\wedge C_b\vdash_G C_1,C_2,\cdots,C_b$

$B_1,B_2,\cdots,B_a,C_1\wedge\cdots\wedge C_b\vdash_G C$

$B_1,B_2,\cdots,B_a,C_1\wedge\cdots\wedge C_b\vdash_G \neg C$

$B_1,B_2,\cdots,B_a\vdash_G C_1\wedge\cdots\wedge C_b\to(C_1\wedge\cdots\wedge C_b\to C)$

$B_1,B_2,\cdots,B_a\vdash_G C_1\wedge\cdots\wedge C_b\to(C_1\wedge\cdots\wedge C_b\to\neg C)$

$B_1,B_2,\cdots,B_a\vdash_G (C_1\wedge\cdots\wedge C_b\to(C_1\wedge\cdots\wedge C_b\to C))$

$\to((C_1\wedge\cdots\wedge C_b\to(C_1\wedge\cdots\wedge C_b\to\neg C))\to\neg(C_1\wedge\cdots\wedge C_b))$

$B_1,B_2,\cdots,B_a\vdash_G (C_1\wedge\cdots\wedge C_b\to(C_1\wedge\cdots\wedge C_b\to\neg C))\to\neg(C_1\wedge\cdots\wedge C_b)$

$B_1,B_2,\cdots,B_a\vdash_G \neg(C_1\wedge\cdots\wedge C_b)$

$\vdash_G B_1\to(B_1\to(B_2\to(B_2\to\cdots(B_a\to\neg(C_1\wedge\cdots\wedge C_b))\cdots)))$

$\vdash_G \Box B_1\to(\Box B_1\to(\Box(B_2\to(B_2\to\cdots(B_a\to\neg(C_1\wedge\cdots\wedge C_b))\cdots)))$

$\Sigma_2\vdash_G \Box B_1\to(\Box B_1\to(\Box(B_2\to(B_2\to\cdots(B_a\to\neg(C_1\wedge\cdots\wedge C_b))\cdots)))$

……

$\Sigma_2\vdash_G \Box^k B_1\to(\Box^k B_1\to($

$\Box^k(B_2\to(B_2\to\cdots(B_a\to\neg(C_1\wedge\cdots\wedge C_b))\cdots)))$

$\Sigma_2\vdash_G \Box^k B_1$

$\Sigma_2\vdash_G \Box^k B_2\to(\Box^k B_2\to($

$\Box^k(B_3\to(B_3\to\cdots(B_a\to\neg(C_1\wedge\cdots\wedge C_b))\cdots)))$

……

$\Sigma_2\vdash_G \Box^k\neg(C_1\wedge\cdots\wedge C_b)$

由此可得：$\Diamond^j\Box^k\neg(C_1\wedge\cdots\wedge C_b)\in\Sigma_1$

由公理模式 G 可得：$\Box^l\Diamond^m\neg(C_1\wedge\cdots\wedge C_b)\in\Sigma_1$。根据假设$\Diamond^m\neg(C_1\wedge\cdots\wedge C_b)\in\Sigma_3$，进而$\neg\Box^m(C_1\wedge\cdots\wedge C_b)\in\Sigma_3$。

但是，$\Box^{m}C_1 \in \Sigma_3$，…，$\Box^{m}C_b \in \Sigma_3$，所以，$\Box^{m}(C_1 \wedge \cdots \wedge C_b) \in \Sigma_3$，这与 Σ_3 是极大协调集相矛盾。所以假设不成立。因此 $\{A:\Box^{k}A \in \Sigma_2\} \cup \{A:\Box^{m}A \in \Sigma_3\}$ 是协调的。这样根据 4.3.4 可知，$\{A:\Box^{k}A \in \Sigma_2\} \cup \{A:\Box^{m}A \in \Sigma_3\}$ 可以扩充为一个极大协调集 Σ_4。

因此，$\exists\Sigma_4(\Sigma_4 \in W_G \wedge \{A:\Box^{k}A \in \Sigma_2\} \cup \{A:\Box^{m}A \in \Sigma_3\} \subseteq \Sigma_4)$。定理得证。

定理 4.3.16（**公理系统 G 的完全性定理**）　如果 $G' \models A$，那么 $\vdash_{\mathrm{G}} A$。

证明：

如果 $G' \models A$，那么 A 在任意 G' 模型下有效，因此有 $M_G \models A$，根据定理 4.3.9 可得：$\vdash_{\mathrm{G}} A$。

本章小结：在本章我们将知识蕴涵命题逻辑系统扩充到模态逻辑，建立了知识蕴涵模态命题逻辑系统，证明了系统的可靠性、完全性，为包含模态信息的不协调理论提供推理工具。我们还进一步证明了严格蕴涵悖论不会在该系统中出现。

第五章　知识蕴涵时态逻辑

在这一章，我们将知识蕴涵逻辑拓展到时态领域，建立知识蕴涵时态命题逻辑系统，并考察这些系统的元理论性质。

5.1 时态语言

定义 5.1.1　知识蕴涵时态命题逻辑的形式语言 L^{TP} 由知识蕴涵命题逻辑语言附加时态符号而得。包括下列四类初始符号构成：

[1] 命题符号：p_0，p_1，…，p_n，… ；

[2] 连接词符号：$\neg$，$\rightarrow$；

[3] 时态词符号：G，H；

[4] 标点符号：)，(。

其中，第三类符号 G，直观上想要表达的是“将来永远……”(be going to)， H 直观上想要表达的是“过去一直……” (had being)。所以可分别读作“永远”、“一直”。

定义 5.1.2　L^{TP} 中的一个表达式是原子公式，当且仅当它是一个单独的命题符号。

由 L^{TP} 中所有原子公式构成的集合记为 $Atom(L^{TP})$ 。我们用大写字母 A、B、C、D 等表示任意的公式，用符号 Σ、Γ、Δ 等表示任意的公式集，由 L^{TP} 中所有公式构成的集合记为 $Form(L^{TP})$ 。

定义 5.1.3 ($Form(L^{TP})$)　$A \in Form(L^{TP})$，当且仅当它能（有穷次）由下列规则而得：

[1] $Atom(L^{TP}) \subseteq Form(L^{TP})$；

[2] 如果 $A \in Form(L^{TP})$，那么 $(\neg A)$、(GA)、$(HA) \in Form(L^{TP})$；

[3] 如果 A 、 $B \in Form(L^{TP})$ ， 那么 $(A \wedge B) \in Form(L^{TP})$ 、 $(A \to B) \in Form(L^{TP})$ 。

括号省略规则与经典命题逻辑相同。

定理 5.1.1（**公式归纳原理**）　令 P 是关于符的一个性质。如果:

[1] 对于任何命题符 p ， $P(p)$ ；

[2] 如果 $P(A)$ 成立，则 $P(\neg A)$ 、 $P(GA)$ 、 $P(HA)$ 成立；

[3] 如果 $P(A)$ 、 $P(B)$ 成立，则 $P(A \wedge B)$ 、 $P(A \to B)$ 也都成立。

那么所有公式都具有性质 P 。

定义 5.1.4 设 $A \in Form(L^{MP})$ ， $Atomic(A)$ 定义如下：

[1] 如果 A 是原子公式，那么 $Atomic(A) = \{A\}$ ；

[2] 如果 $A = \neg B$ ，那么 $Atomic(A) = Atomic(B)$ ；

[3] 如果 $A = GB$ 或者 $A = HB$ ，那么 $Atomic(A) = Atomic(B)$ ；

[4] 如果 $A = B \wedge C$ ，那么 $Atomic(A) = Atomic(B) \bigcup Atomic(C)$ ；

[5] 如果 $A = B \to C$ ，那么 $Atomic(A) = Atomic(B) \bigcup Atomic(C)$ 。

定义 5.1.5　称 A 、 B 相关，当且仅当 $Atomic(A) \bigcap Atomic(B) \neq \varnothing$ 。

定义 5.1.6

$A \vee B =_{def} \neg(\neg A \wedge \neg B)$ ；

$A \leftrightarrow B =_{def} (A \to B) \wedge (B \to A)$ ；

A ☯ $B =_{def} A \to (A \to B)$ ；

$FA =_{def} (\neg G(\neg A))$ ；

$PA =_{def} (\neg H(\neg A))$ 。

定义 5.1. 7 对任何公式 A ， A 的镜像式 $MI(A)$ 是指：

[1] 当 A 是单个命题符号时， $MI(A) = A$ ；

[2] 当 A 是 $(\neg B)$ 时， $MI(A) = \neg MI(B)$ ；

[3] 当 A 是 $(B \wedge C)$ 时， $MI(A) = MI(B) \wedge MI(C)$ ；

[4] 当 A 是 $(B \to C)$ 时， $MI(A) = MI(B) \to MI(C)$ ；

[5] 当 A 是 (GB) 时， $MI(A) = H(MI(B))$ ；

[6] 当 A 是 (HB) 时， $MI(A) = G(MI(B))$ 。

直观地说， $MI(A)$ 就是将 A 中的 G 都换成 H ， H 都换成 G 所得到的公式。

不难验证，有：

[6] 当 A 是 $(B \vee C)$ 时，$MI(A) = MI(B) \vee MI(C)$ ；

[7] 当 A 是 $(B \leftrightarrow C)$ 时，$MI(A) = MI(B) \leftrightarrow MI(C)$ ；

[8] 当 A 是 B ☯ C 时，$MI(A) = MI(B)$ ☯ $MI(C)$；

[9] 当 A 是 (FB) 时，$MI(A) = P(MI(B))$ ；

[10] 当 A 是 (PB) 时，$MI(A) = F(MI(B))$ ；

[11] $MI(MI(A)) = A$。

5.2 知识蕴涵时态逻辑公理系统

定义 5.2.1　设 $<T, R>$ 是任一二元组，$<T, R>$ 是知识蕴涵时态逻辑框架（简称框架），当且仅当，T 是任一非空集，R 是 T 上的二元关系。

其中，T 称为时刻集，T 中的元素称为时刻，R 称为时序。直观地说，对于任何 t_1、$t_2 \in T$，$t_1 R t_2$ 表示"t_1 在 t_2 之前，t_2 在 t_1 之后"，或者说"t_1 是 t_2 的过去，t_2 是 t_1 的将来"。

定义 5.2.2 设 L^{TP} 是知识蕴涵时态命题逻辑语言，$Form\ (L^{TP})$ 是时态逻辑公式，$<T, R>$ 是任意框架，V 是 $<T, R>$ 上对 $Form\ (L^{TP})$ 中公式的一个赋值，当且仅当，V 是 L^{TP} 中的原子公式集 $Atom(L^{TP})$ 与 T 的笛卡尔积到集合 $\{1, 0\}$ 上的映射，即

$$V: \quad Atom(L^{TP}) \times T \to \{1, 0\}$$

并满足以下条件：对 $Form\ (L^{TP})$ 中的任意公式 A 、B，任意的 $t \in T$，

[1] $V(\neg A, w) = 1$，当且仅当 $V(A, w) = 0$；

[2] $v(A \wedge B, w) = 1$，当且仅当，$v(A, w) = v(B, w) = 1$；

[3] 如果 $v(A, w) = v(B, w)$，那么 $v(A \to B, w) = 1$；

[4] 如果 $v(A, w) = 1$，$v(B, w) = 0$，那么 $v(A \to B, w) = 0$；

[5] 如果 $v(A, w) = 0$，$v(B, w) = 1$，并且 A 、B 相关，那么 $v(A \to B, w) = 1$；

[6] $V(GA, t) = 1$，当且仅当，对于任何 $t' \in T$，如果 tRt'，则 $V(A, t') =$ ；

[7] $V(HA, t) = 1$，当且仅当，对于任何 $t' \in T$，如果 $t'Rt$，则 $V(A, t') =$ 。

由此定义不难得出：

[8] $V(A \vee B, t) = 1$，当且仅当 $V(A, t) = 1$ 或者 $V(B, t) = 1$；

[9] $V(A \leftrightarrow B, t) = 1$，当且仅当（$V(A, t) = 1$ 并且 $V(B, t) = 1$）或者（$V(A, t) = 0$ 并且 $V(B, t) = 0$）；

[10] $V(A ☯ B, t) = 1$，当且仅当 $V(A, t) = 0$ 或者 $V(B, t) = 1$；

[11] $V(FA, t) = 1$，当且仅当，存在 $t' \in T$，tRt' 并且 $V(A, t') = 1$；

[12] $V(PA, t) = 1$，当且仅当，存在 $t' \in T$，$t'Rt$ 并且 $V(A, t') = 1$。

定义 5.2.3 设 $<T, R, V>$ 是任一三元组，$<T, R, V>$ 是一知识蕴涵时态逻辑模型（简称模型），当且仅当，$<T, R>$ 是一个知识蕴涵时态逻辑框架，V 是在 $<T, R>$ 上的一个赋值。

我们仍将使用 F、M、**F**、**M** 来分别表示知识蕴涵时态逻辑框架、模型、框架类、模型类。

定义 5.2.4 设 $<T, R, V>$ 是知识蕴涵任意时态逻辑模型，A 是任意 L^{TP} 公式，t 是 T 中的任意元素($t \in T$)，

[1] 称 A 在 t 上是真的，当且仅当 $V(A, t) = 1$，又记为 $<T, R, V> \models t\ A$；

[2] 称 A 在 $<T, R, V>$ 上是可满足的，当且仅当存在 $t \in T$，使得 $<T, R, V> \models t\ A$；

[3] 称 A 在模型 $<T, R, V>$ 上有效，记作 $<T, R, V> \models A$，当且仅当，对任意的 $t \in T$，都有 $<T, R, V> \models t\ A$。

定义 5.2.5

[1] 设 F 是任意框架，A 是任意公式，A 在 F 上有效，记作 $F \models A$，当且仅当，对 F 上的任意赋值 V 都有 $<F, V> \models A$；

[2] 设 **F** 是任意框架类，A 是任意公式，A 在 **F** 上有效，记作 $\mathbf{F} \models A$，当且仅当，对任意框架 $F \in \mathbf{F}$，都有 $F \models A$；

[3] 设 **M** 是任意模型类，A 是任意公式，A 在 **M** 上有效，记作 $\mathbf{M} \models A$，当且仅当，对任意模型 $M \in \mathbf{M}$，都有 $M \models A$。

由二元关系 R 的性质决定的 φ 模型的定义和模态逻辑中基本相同。

定义 5.2.6 设 A 是任一公式，若 A 在任一知识蕴涵时态逻辑模型上都是有效的，则称公式 A 为有效式，记作 $\models A$；若 A 在所有 φ 模型上都是有效的，则称 A 为 φ 模型有效的，简称 A 为 φ 有效的，记作 $\varphi \models A$。

定理 5.2.1

[1] $\models G(A \to (A \to B)) \to (GA \to (GA \to GB))$；

[2] $\models PGA \to A$。

[3] $\models H(A \to (A \to B)) \to (HA \to (HA \to HB))$；

[4] $\models FHA \to A$。

[5] $\models GA \leftrightarrow \neg F \neg A$

[6] $\models HA \leftrightarrow \neg P \neg A$

证明：

[1]

假设$\models G(A \to (A \to B)) \to (GA \to (GA \to GB))$不成立，则一定存在一时态逻辑模型$<T, R, V>$，

$<T, R, V> \models G(A \to (A \to B)) \to (GA \to (GA \to GB))$不成立，所以，存在$t \in T$，

(1) $V(G(A \to (A \to B)) \to (GA \to (GA \to GB)), t) = 0$

由(1)得：

(2) $V(G(A \to (A \to B)), t) = 1$

(3) $V(GA \to (GA \to GB), t) = 0$

由(3)可得：

(4) $V(GA, t) = 1$

(5) $V(GA \to GB, t) = 0$

由(4)和(5)可得：

(6) $V(GB, t) = 0$

由(6)可得：

(7) 存在$t' \in T$，tRt'并且$V(B, t') = 0$

由(4)和(7)可得：

(8) $V(A, t') = 1$

由(7)和(8)可得：

(9) 存在$t' \in T$，tRt'并且$V(A \to B, t') = 0$

(10) $V(A \to (A \to B), t') = 0$

由(10)可得：

(11) $V(G(A \to (A \to B)), t) = 0$

(2)和(11)矛盾，所以假设不成立。因此，$G(A \to (A \to B)) \to (GA \to (GA \to GB))$是有效式。

[2]

假设$\models PGA \to A$不成立，则一定存在一时态逻辑模型$<T, R, V>$，使得：

$<T, R, V> \models PGA \to A$不成立，所以，存在$t \in T$，

(1)　　$V(PGA \to A, t) = 0$

由 (1)可得：

(2)　　$V(PGA, t) = 1$

(3)　　$V(A, t) = 0$

由(2)可得：

(4)　　存在$t' \in T$，$t'Rt$并且$V(GA, t') = 1$

由(4)可得：

(5)　　$V(A, t) = 1$

(3)和(5)矛盾，所以假设不成立。

[3]、[4]证明与[1]、[2]类似。

[5]

对于任一知识蕴涵时态逻辑模型$<T, R, V>$，有

$V(\neg F \neg A, t) = 1$；

$\Leftrightarrow V(F \neg A, t) = 0$；

$\Leftrightarrow$对于任一$t' \in T$，如果tRt'，那么$V(\neg A, t') = 0$；

$\Leftrightarrow$对于任一$t' \in T$，如果tRt'，那么$V(A, t') = 1$；

$\Leftrightarrow V(GA, t) = 1$。

[6]证明与[5]类似。

定理 5.2.2　如果$\models A$，并且$\models A \to B$，那么$\models B$。

定理 5.2.3

[1] 如果$\models A$，那么$\models GA$；

[1] 如果$\models A$，那么$\models HA$。

知识蕴涵时态逻辑极小系统K_t的公理模式包括以下七条：

$(Ax1)$　全体命题逻辑的定理；

$(Ax2)$　$G(A \to (A \to B)) \to (GA \to (GA \to GB))$；

$(Ax3)$　$H(A \to (A \to B)) \to (HA \to (HA \to HB))$；

$(Ax4)$　$PGA \to A$；

(Ax5) $FHA \to A$；

(Ax6) 如果 A 是公理，GA 也是公理；

(Ax7) 如果 A 是公理，HA 也是公理。

知识蕴涵时态逻辑极小系统 K_t 的推理规则只有一条，即分离规则：

MP：如果 A，并且 $A \to B$，则 B。

定义 5.2.7 一个有穷的公式序列

$$A_1, A_2, \cdots, A_{n-1}, A_n$$

如果满足下列条件：对每个 k $(1 \le k \le n)$，

[1] A_k 是公理；或者

[2] 有 i，$j < k$，使得 $A_i = A_j \to A_k$（即 A_k 由 MP 得到）。

则称公式序列 A_1，A_2，…，A_{n-1}，A_n 为 K_t 证明。

如果 A_1，A_2，…，A_{n-1}，A_n 为 K_t 的证明并且 $A_n = A$，则称序列 A_1，A_2，…，A_{n-1}，A_n 为公式 A 的 K_t 证明；如果公式 A 存在一个 K_t 证明，则称 A 是 K_t 可证的，也称 A 是 K_t 的定理，记为 $\vdash_{Kt} A$，简记为 $\vdash A$。为了与其它的定理相区别，在下文中，我们将系统 K_t 内的定理记为 K_tTh。

显然，知识蕴涵时态逻辑极小系统 K_t 的公理具有镜像对称性，即如果 A 是公理，则 $MI(A)$ 也是公理；并且分离规则 MP 具有保持镜像性。因此有：

定理 5.2.4 如果 $\vdash A$，则 $\vdash MI(A)$。

在知识蕴涵时态逻辑中有下列导出规则。

定理 5.2.5

[1] G 规则：如果 $\vdash A$，则 $\vdash GA$；

[2] H 规则：如果 $\vdash A$，则 $\vdash HA$；

[3] $G \to$ 规则：如果 $\vdash A \to (A \to B)$，则 $\vdash GA \to (GA \to GB)$；

[4] $H \to$ 规则：如果 $\vdash A \to (A \to B)$，则 $\vdash HA \to (HA \to HB)$；

[5] F 规则：如果 $\vdash A \to (A \to B)$，则 $\vdash FA \to (FA \to FB)$；

[6] P 规则：如果 $\vdash A \to (A \to B)$，则 $\vdash PA \to (PA \to PB)$。

证明：

[1]、[2]、[3]、[4]显然，略。

[5] $\vdash A \to (A \to B) \vdash (A \to (A \to B)) \to (\neg B \to (\neg B \to \neg A))$

$\vdash \neg B \to (\neg B \to \neg A)$

$\vdash G\neg B\rightarrow(G\neg B\rightarrow G\neg A)$

$\vdash(G\neg B\rightarrow(G\neg B\rightarrow G\neg A))\rightarrow(\neg G\neg A\rightarrow(\neg G\neg A\rightarrow\neg G\neg B))$

$\vdash\neg G\neg A\rightarrow(\neg G\neg A\rightarrow\neg G\neg B)$

$\vdash FA\rightarrow(FA\rightarrow FB)$

[6]与[5]类似可证。

在知识蕴涵时态逻辑系统 K_t 中可以证明下列定理：

K_tTh1　$G(A\wedge B)\ \dashv\vdash\ GA\wedge GB$

证明：

1	$\vdash A\wedge B\rightarrow A$	$(Ax1)$
2	$\vdash(A\wedge B\rightarrow A)\rightarrow(A\wedge B\rightarrow(A\wedge B\rightarrow A))$	$(Ax1)$
3	$\vdash A\wedge B\rightarrow(A\wedge B\rightarrow A)$	1、2 MP
4	$\vdash G(A\wedge B)\rightarrow(G(A\wedge B)\rightarrow GA)$	$G\rightarrow$规则
5	$G(A\wedge B)\vdash G(A\wedge B)\rightarrow(G(A\wedge B)\rightarrow GA)$	4 $\vdash$定义
6	$G(A\wedge B)\vdash G(A\wedge B)\rightarrow GA$	
7	$G(A\wedge B)\vdash GA$	
8	$G(A\wedge B)\vdash GB$	同上
9	$G(A\wedge B)\vdash GA\rightarrow(GB\rightarrow GA\wedge GB)$	
10	$G(A\wedge B)\vdash GB\rightarrow GA\wedge GB$	
11	$G(A\wedge B)\vdash GA\wedge GB$	
12	$GA\wedge GB\vdash GA\wedge GB$	
13	$GA\wedge GB\vdash GA\wedge GB\rightarrow GA$	
14	$GA\wedge GB\vdash GA$	
15	$GA\wedge GB\vdash GB$	同上
16	$\vdash A\rightarrow(B\rightarrow A\wedge B)$	
17	$\vdash(A\rightarrow(B\rightarrow A\wedge B))\rightarrow(A\rightarrow(A\rightarrow(B\rightarrow A\wedge B)))$	
18	$\vdash A\rightarrow(A\rightarrow(B\rightarrow A\wedge B))$	
19	$\vdash GA\rightarrow(GA\rightarrow G(B\rightarrow A\wedge B))$	
20	$GA\wedge GB\vdash GA\rightarrow(GA\rightarrow G(B\rightarrow A\wedge B))$	
21	$GA\wedge GB\vdash GA\rightarrow G(B\rightarrow A\wedge B)$	
22	$GA\wedge GB\vdash G(B\rightarrow A\wedge B)$	
23	$\vdash(B\rightarrow A\wedge B)\rightarrow(B\rightarrow(B\rightarrow A\wedge B))$	

24 $\vdash((B\rightarrow A\wedge B)\rightarrow(B\rightarrow(B\rightarrow A\wedge B)))$
$\rightarrow((B\rightarrow A\wedge B)\rightarrow((B\rightarrow A\wedge B)\rightarrow(B\rightarrow(B\rightarrow A\wedge B))))$

25 $\vdash(B\rightarrow A\wedge B)\rightarrow((B\rightarrow A\wedge B)\rightarrow(B\rightarrow(B\rightarrow A\wedge B)))$

26 $\vdash G(B\rightarrow A\wedge B)\rightarrow(G(B\rightarrow A\wedge B)\rightarrow G(B\rightarrow(B\rightarrow A\wedge B)))$

27 $GA\wedge GB\vdash G(B\rightarrow A\wedge B)\rightarrow(G(B\rightarrow A\wedge B)\rightarrow G(B\rightarrow(B\rightarrow A\wedge B)))$

28 $GA\wedge GB\vdash G(B\rightarrow A\wedge B)\rightarrow G(B\rightarrow(B\rightarrow A\wedge B))$

29 $GA\wedge GB\vdash G(B\rightarrow(B\rightarrow A\wedge B))$

30 $GA\wedge GB\vdash G(B\rightarrow(B\rightarrow A\wedge B))\rightarrow(GB\rightarrow(GB\rightarrow G(A\wedge B)))$

31 $GA\wedge GB\vdash GB\rightarrow(GB\rightarrow G(A\wedge B))$

32 $GA\wedge GB\vdash GB\rightarrow G(A\wedge B)$

33 $GA\wedge GB\vdash G(A\wedge B)$

$K_tTh2\quad F(A\wedge B)\vdash FA\wedge FB$

$K_tTh3\quad H(A\wedge B)\dashv\vdash HA\wedge HB$

$K_tTh4\quad P(A\wedge B)\vdash PA\wedge PB$

证明：

1 $\vdash A\wedge B\rightarrow A$

2 $\vdash(A\wedge B\rightarrow A)\rightarrow(A\wedge B\rightarrow(A\wedge B\rightarrow A))$

3 $\vdash A\wedge B\rightarrow(A\wedge B\rightarrow A)$

4 $\vdash P(A\wedge B)\rightarrow(P(A\wedge B)\rightarrow PA)$

5 $P(A\wedge B)\vdash P(A\wedge B)\rightarrow(P(A\wedge B)\rightarrow PA)$

6 $P(A\wedge B)\vdash P(A\wedge B)$

7 $P(A\wedge B)\vdash P(A\wedge B)\rightarrow PA$

8 $P(A\wedge B)\vdash PA$

9 $P(A\wedge B)\vdash PB$

10 $P(A\wedge B)\vdash PA\wedge PB$

11 $K_tTh5\quad GA\dashv\vdash\neg F\neg A$

12 $K_tTh6\quad HA\dashv\vdash\neg P\neg A$

5.3 K_t 的元理论

下面证明知识蕴涵时态逻辑极小系统 K_t 的可靠性和完全性问题。

定理 5.3.1 设 $A \in Fomm(L^{TP})$，$\Sigma \subseteq Form(L^{TP})$。则

[1] 如果 $\vdash A$，则 $\models A$；

[2] 如果 $\Sigma \vdash A$，则 $\Sigma \models A$。

证明：

[1] 只需证明系统 K_t 的公理都是有效的，并且分离规则保持有效性即可。而这由定理 5.2.1、定理 5.2.2 和定理 5.2.3 保证。

[2] 由[1]可证。

下面我们将直接使用知识蕴涵模态命题逻辑中给出的协调集、极大协调集概念和定理。只不过下面我们讨论的系统 S 指的是知识蕴涵时态逻辑极小系统 K_t 的扩充。

定义 5.3.1 设 Σ 和 Σ' 是两个 S 极大协调集，并且满足：

$$\text{如果 } A \in \Sigma \text{，则 } PA \in \Sigma' \text{。}$$

则称 Σ' 是 Σ 的将来伴随集，称 Σ 是 Σ' 的过去伴随集。记为 $\Sigma R_t\ \Sigma'$。

定理 5.3.2 设 Σ 和 Σ' 是两个 S 极大协调集，则如下的叙述是等价的。

[1] 如果 $A \in \Sigma$，则 $PA \in \Sigma'$；

[2] 如果 $GB \in \Sigma$，则 $B \in \Sigma'$；

[3] 如果 $C \in \Sigma'$，则 $FC \in \Sigma$；

[4] 如果 $HD \in \Sigma'$，则 $D \in \Sigma$。

证明：

[1]⇒[2]

$GB \in \Sigma \Rightarrow PGB \in \Sigma'$ （根据[1]）

$\Rightarrow B \in \Sigma'$ （根据 $Ax4$、定理 5.3.2 [4]）

[2]⇒[3]

$C \in \Sigma' \Rightarrow \neg C \notin \Sigma'$ （Σ' 是极大协调集）

$\Rightarrow G\neg C \notin \Sigma$ （根据[2]）

$\Rightarrow \neg G\neg C \in \Sigma$ （Σ 是极大协调集）

$\Rightarrow FC \in \Sigma$ （F 定义）

[3]⇒[4]

$HD \in \Sigma' \Rightarrow FHD \in \Sigma$ （根据[3]）

$\Rightarrow D \in \Sigma$ （根据 $Ax5$、定理 5.3.2 [4]）

[4]⇒[1]

$$
\begin{aligned}
A \in \Sigma \quad & \Rightarrow \neg A \notin \Sigma && （\Sigma\text{ 是极大协调集}）\\
& \Rightarrow H\neg A \notin \Sigma' && （\text{根据[4]}）\\
& \Rightarrow \neg H\neg A \in \Sigma' && （\Sigma\text{ 是极大协调集}）\\
& \Rightarrow PA \in \Sigma && （P\text{ 定义}）
\end{aligned}
$$

定理 5.3.3 设Σ是 S 极大协调集，$A \in Form(L^T)$。

[1] 如果$FA \in \Sigma$，则存在 S 极大协调集Σ'，使得$\Sigma R_t\ \Sigma'$并且$A \in \Sigma'$；

[2] 如果$PA \in \Sigma$，则存在 S 极大协调集Σ'，使得$\Sigma' R_t\ \Sigma$并且$A \in \Sigma'$。

证明：

[1]

该证明可分作三步来完成。

首先，如果$FA \in \Sigma$，则对每个$B \in \Sigma$，单元集$\{PB \wedge A\}$是 S 协调的。

假设存在$B \in \Sigma$，$\{PB \wedge A\}$不是 S 协调的，则$\{PB, A\}$不是 S 协调的。则存在公式C，

$$
\begin{aligned}
& PB, A \vdash_S C \\
& PB, A \vdash_S \neg C \\
& PB \vdash_S A \to (A \to C) \\
& PB \vdash_S A \to (A \to \neg C) \\
& PB \vdash_S (A \to (A \to C)) \to ((A \to (A \to \neg C)) \to \neg A) \\
& PB \vdash_S (A \to (A \to \neg C)) \to \neg A \\
& PB \vdash_S \neg A \\
& \vdash_S PB \to (PB \to \neg A) \\
& \vdash_S GPB \to (GPB \to G\neg A) \\
& \Sigma \vdash_S GPB \to (GPB \to G\neg A) \\
& B \in \Sigma \\
& \Sigma \vdash_S B \\
& \Sigma \vdash_S FH\neg B \to \neg B \\
& \Sigma \vdash_S (FH\neg B \to \neg B) \to (B \to \neg FH\neg B) \\
& \Sigma \vdash_S B \to \neg FH\neg B \\
& \Sigma \vdash_S \neg FH\neg B \\
& \Sigma \vdash_S \neg FH\neg B \to GPB \\
& \Sigma \vdash_S GPB
\end{aligned}
$$

$\Sigma \vdash_S G\neg A$

$\Sigma \vdash_S G\neg A \to \neg FA$

$\Sigma \vdash_S \neg FA$

这与Σ是S极大协调集相矛盾，所以假设不成立。

其次，令$\Sigma^* = \{PB \mid B \in \Sigma\} \cup \{A\}$，则$\Sigma^*$是S协调的。

假设Σ^*不是S协调的。则存在Σ^*的有穷子集不是S协调的，设为$\Sigma^{*}{'}$。那么$\Sigma^{*}{'} \cup \{A\}$不是S协调的，设$\Sigma^{*}{'} \cup \{A\} = \{PB_1, \cdots, PB_n, A\}$，其中$B_i(1 \le i \le n) \in \Sigma$。那么存在公式$C$，$PB_1, \cdots, PB_n, A \vdash_S C$，$PB_1, \cdots, PB_n, A \vdash_S \neg C$；根据$K_tTh4$有$P(B_1 \wedge \cdots \wedge B_n), A \vdash_S C$，$P(B_1 \wedge \cdots \wedge B_n), A \vdash_S \neg C$，因此，$\{P(B_1 \wedge \cdots \wedge B_n), A\}$不是S协调的，所以，单元集$\{P(B_1 \wedge \cdots \wedge B_n) \wedge A\}$不是S协调的。因为$B_i(1 \le i \le n) \in \Sigma$，而$\Sigma$是S极大协调集，所以$B_1 \wedge \cdots \wedge B_n \in \Sigma$。这样就有，$B_1 \wedge \cdots \wedge B_n \in \Sigma$，单元集$\{P(B_1 \wedge \cdots \wedge B_n) \wedge A\}$不是S协调的。这与前述证明矛盾。

再次，既然Σ^*是S协调的，那么Σ^*可以扩充为一个S极大协调集，令为Σ'。

显然Σ'满足：对任一公式B，如果$B \in \Sigma$，则$PB \in \Sigma'$。所以$\Sigma R_t \Sigma'$。另外显然有：$A \in \Sigma^* \subseteq \Sigma'$。

所以，存在S极大协调集Σ'，使得$\Sigma R_t \Sigma'$并且$A \in \Sigma'$。

[2]类似同证。

定义5.3.2　$\mathrm{K_t}$的完全模型$\mathfrak{M}_t$是一个三元组$< T_t, R_t, V_t >$。其中，

$T_t = \{t \mid t$ 是$\mathrm{K_t}$的极大协调集.$\}$，

$t_1 R_t t_2$当且仅当t_2是t_1的将来伴随集，

对任一$A \in Atom(L^{TP})$，$V_t(A, t) = 1 \Leftrightarrow A \in t$。

定理5.3.4　设$\mathfrak{M}_t = < T_t, R_t, V_t >$是$\mathrm{K_t}$的完全模型，$A$是任一公式，对任意的$t \in T_t$，

$$V_t(A, t) = 1 \Leftrightarrow A \in t。$$

证明：

施归纳于公式A的结构。

[1] A为原子公式，根据定义，显然成立；

[2] $A = \neg B$或者$A = B \wedge C$或者$A = B \to C$与知识蕴涵命题逻辑中的证明相同；

[3] $A = GB$。

$V_t(A, t) = 0 \Leftrightarrow V_t(GB, t) = 0$

$\Leftrightarrow$ 存在 t'，$tR_t t'$ 并且 $V_t(B, t') = 0$ （语义定义）

$\Leftrightarrow$ 存在 t'，$tR_t t'$ 并且 $B \notin t'$ （归纳假设）

$\Leftrightarrow$ 存在 t'，$tR_t t'$ 并且 $\neg B \in t'$ （t' 是 K_t 的极大协调集）

$\Rightarrow F\neg B \in t$ （定义 5.3.1 和定理 5.3.1）

$\Leftrightarrow \neg F\neg B \notin t$ （t 是 K_t 的极大协调集）

$\Leftrightarrow GB \notin t$ （$K_t Th6$）

$\Leftrightarrow A \notin t$

其中一步 $\Rightarrow$ 的逆向也是成立的，只是根据不同。

$F\neg B \in t$

$\Rightarrow$ 存在 t'，$tR_t t'$ 并且 $\neg B \in t'$ （定理 5.3.2 [1]）

[5] $A = HB$。

与[4]类似。

定理 5.3.5 设 $A \in Form(L^{TP})$，$\Sigma \subseteq Form(L^{TP})$

[1] 如果 Σ 是 K_t 协调的，则 Σ 是可满足的；

[2] 如果 A 是 K_t 协调的，则 A 是可满足的。

证明：

[1] 如果 Σ 是 K_t 协调的，则 Σ 可扩充为极大协调集 t_Σ，根据定理 5.3.3，对于 Σ 中的任一公式 A，在完全模型 $\mathfrak{M}_t$ 中有

$$V_t(A, t_\Sigma) = 1$$

所以，Σ 是可满足的。

[2]是[1]的特殊情形。

定理 5.3.6 设 $A \in Form(L^{TP})$，$\Sigma \subseteq Form(L^{TP})$。则

[1] 如果 $\Sigma \models A$，则 $\Sigma \vdash A$；

[2] 如果 $\models A$，则 $\vdash A$。

证明：

[1] 假设 $\Sigma \nvdash A$，则 $\Sigma \cup \{\neg A\}$ 是 K_t 协调的。根据定理 5.3.5 可知 $\Sigma \cup \{\neg A\}$ 是可满足的，所以存在赋值 V，$V(\Sigma) = V(\neg A) = 1$，所以存在赋值 V，$V(\Sigma) = 1$，而 $V(A) = 0$。所以有 $\Sigma \nvDash A$。

[2] 是[1]的特殊情形。

如果我们以 $\Bbbk$ 表示全体时态框架的类，即

$$\Bbbk=\{<T, R>| T\neq\varnothing,\ R\subseteq T\times T.\}$$

则时态逻辑极小系统 K_t 的元性质也可简单地叙述为：

$$\vdash_{Kt} A \quad\Leftrightarrow\quad \Bbbk\models A 。$$

本章小结：在本章我们将知识蕴涵命题逻辑系统扩充到时态逻辑，建立了知识蕴涵时态命题逻辑系统，证明了系统的可靠性、完全性，为包含时态信息的不协调理论提供推理工具。

第六章　知识蕴涵直觉主义逻辑

在本章和第七章，我们将在强知识蕴涵的基础上将知识蕴涵逻辑推广到直觉主义逻辑系统之中，建立知识蕴涵直觉主义命题逻辑系统。在该系统中，我们希望基本的直觉主义逻辑思想在其中得以体现，即排中律、双重否定消去律等在其中不是定理；当然，我们也希望在该系统中不矛盾律仍然是定理，但是司各脱法则仍然不是定理，即弗协调逻辑的特征在该系统中仍然得以保持。

6.1 形式语言

定义 6.1.1　知识蕴涵直觉主义命题逻辑的形式语言 L^{IP} 和知识蕴涵命题逻辑语言基本相同，只是增加了一个初始符合 $\vee$。包括下列四类初始符号：

[5]　p_0，p_1，…，p_n，… ；

[6]　$\neg$，$\to$，$\wedge$，$\vee$；

[7]　)，(。

形式语言 L^{IP} 中的第一类符号称为命题符号，第二类符号是命题联结词符号，第三类符号是左、右括号。初始符号组成的有穷序列称为符，全体符所形成的集合记为 $Expr(L^{IP})$。

定义 6.1.2　L^{IP} 中的一个表达式是原子公式，当且仅当它是一个单独的命题符号。

由 L^{IP} 中所有原子公式构成的集合记为 $Atom(L^{IP})$。我们用大写字母 A、B、C、D 等表示任意的公式，用符号 Σ、Γ、Δ 等表示任意的公式集，由 L^{IP} 中所有公式构成的集合记为 $Form(L^{IP})$。

定义 6.1.3 $(Form(L^{IP}))$　$A \in Form(L^{IP})$，当且仅当它能（有穷次）由下列规则而得：

[1] $Atom(L^{IP}) \subseteq Form(L^{IP})$；

[2] 如果 $A \in Form(L^{IP})$，则 $(\neg A) \in Form(L^{IP})$；

[3] 如果 A、$B \in Form(L^{IP})$，那么 $(A \wedge B) \in Form(L^{IP})$、$(A \vee B) \in Form(L^{IP})$、$(A \to B) \in Form(L^{IP})$。

括号省略规则与经典命题逻辑相同。

定理 6.1.1（**公式归纳原理**）　令 P 是关于符的一个性质。如果:

[1] 对于任何命题符 p，$P(p)$；

[2] 如果 $P(A)$ 成立，则 $P(\neg A)$ 成立；

[3] 如果 $P(A)$、$P(B)$ 成立，则 $P(A \wedge B)$、$P(A \vee B)$、$P(A \to B)$ 也都成立。

那么所有公式都具有性质 P。

其他联结词通过定义给出：

$A \leftrightarrow B =_{def} (A \to B) \wedge (B \to A)$

A ☯ $B =_{def} A \to (A \to B)$

定义 6.1.4　设 $A \in Form(L^{IP})$，$Atomic(A)$ 定义如下：

[1] 如果 A 是原子公式，那么 $Atomic(A) = \{A\}$；

[2] 如果 $A = \neg B$，那么 $Atomic(A) = Atomic(B)$；

[3] 如果 $A = B \wedge C$，那么 $Atomic(A) = Atomic(B) \bigcup Atomic(C)$；

[4] 如果 $A = B \vee C$，那么 $Atomic(A) = Atomic(B) \bigcup Atomic(C)$；

[5] 如果 $A = B \to C$，那么 $Atomic(A) = Atomic(B) \bigcup Atomic(C)$。

定义 6.1.5　假设 A、B 是公式，称 A、B 相关，当且仅当

$$Atomic(A) \bigcap Atomic(B) \neq \varnothing。$$

6.2 知识蕴涵直觉主义命题逻辑公理系统

定义 6.2.1 知识蕴涵直觉主义命题逻辑公理系统 ID 的公理是下列形式的公式：

$Ax1$　　$A \to A$

$Ax2$ $B \to (A \to (A \to B))$

$Ax3$ $\neg B \to (\neg A \to (A \to B))$

$Ax4$ $B \to (\neg A \to (A \to B))$，其中 A 和 B 相关。

$Ax5$ $B \to (\neg A \to \neg(A \to B))$，其中 A 和 B 不相关。

$Ax6$ $(A \to B) \to (A \to (A \to B))$

$Ax7$ $(A \to (A \to (B \to C))) \to ((A \to (A \to B)) \to (A \to (A \to C)))$

$Ax8$ $A \wedge B \to A$

$Ax9$ $A \wedge B \to B$

$Ax10$ $A \to (B \to A \wedge B)$

$Ax11$ $A \to A \vee B$

$Ax12$ $A \to B \vee A$

$Ax13$ $(A \to C) \to ((B \to C) \to (A \vee B \to (A \vee B \to C)))$

$Ax14$ $(A \to (A \to B)) \to ((A \to (A \to \neg B)) \to \neg A)$

$Ax15$ $B \to (\neg B \to (\neg B \to A))$

系统 ID 的推理规则只有一条，即分离规则（Modus ponens）：由 A 和 $A \to B$ 可以推出 B。简记为 MP。

定义 6.2.2 公式 A 由公式集 Σ 形式可推演，当且仅当存在公式序列

$$A_1,\ A_2,\ \cdots,\ A_{n-1},\ A_n$$

使得 $A_n = A$，并且每一个 $A_k (1 \le k \le n)$ 满足下列条件之一：

[1] A_k 是公理；

[2] $A_k \in \Sigma$；

[3] 有 i，$j < k$，使得 $A_i = A_j \to A_k$。

如果公式 A 由公式集 Σ 形式可推演，则称 Σ 可推演出 A，符号记为 $\Sigma \vdash_{ID} A$，也简记为：$\Sigma \vdash A$。

定义 6.2.3 如果公式 A 由 $\varnothing$ 形式可推演，则称公式 A 是可证明的。由 $\varnothing$ 到 A 形式可推演的一个公式序列称为公式 A 的一个证明。如果公式 A 是可证明的，则称公式 A 为系统 ID 的定理，符号记为 $\vdash_{ID} A$，也简记为：$\vdash A$。为了与其它的定理相区别，在下文中，我们将系统 ID 内的定理记为 $IDTh$。

6.3 知识蕴涵直觉主义逻辑的形式语义

定义 6.3.1 设L^{IP}是一知识蕴涵直觉主义命题逻辑的形式语言，一个克里普克模型（简称模型）$\mathfrak{M}$是一个三元组$\langle W,R,V\rangle$，其中

[1] W是一个非空集，

[2] $R\subseteq W\times W$，对于任意的$w_1,w_2,w_3\in W$，w_1Rw_1，并且，若w_1Rw_2，w_2Rw_3，则w_1Rw_3；

[3] V：$Atomic(L^{IP})\times W\to\{1,0\}$，并且满足：对任一原子公式$A$，若$w_1Rw_2$，则$V(A,w_1)\leq V(A,w_2)$。

定义 6.3.2（**基本语义定义**） 设$\mathfrak{M}=\langle W,R,V\rangle$是模型。对于任一$w\in W$，公式$A$在$w$中$V$下的值$V(A,w)$是一个$From(L^{IP})\times W\to\{1,0\}$的映射，并且满足：

[1] 对任一原子公式A，$V(A, w)\in\{1,0\}$；

[2] $V(\neg A, w)=1$，当且仅当，对于任一$w'\in W$，如果wRw'，则$V(A, w')=0$;

[3] $V(A\wedge B, w)=1$，当且仅当$V(A, w)=1$并且$V(B, w)=1$；

[4] $V(A\vee B, w)=1$，当且仅当$V(A, w)=1$或者$V(B, w)=1$；

[5] 如果对于任一$w'\in W$，若wRw'，则或者$V(A,w')=V(B,w')$，或者$V(A,w')=0$，$V(B,w')=1$，且A、B相关，那么$V(A\to B,w)=1$；

[6] 如果存在$w'\in W$，wRw'，或者$V(A,w')=1$，$V(B,w')=0$，或者$V(A,w')=0$，$V(B,w')=1$，且A、B不相关，那么$V(A\to B,w)=0$。

定理 6.3.1 设$\mathfrak{M}=\langle W,R,V\rangle$是知识蕴涵直觉主义命题逻辑的语义模型，$w$、$w'\in W$，$A\in Form(L^{IP})$。

[1] $V(A, w)\in\{1, 0\}$；

[2] 对于任意的w、$w'\in W$，如果wRw'并且$V(A, w)=1$，那么$V(A, w')=1$。

定义 6.3.3 设$\Sigma\subseteq Form(L^{IP})$，$A\in Form(L^{IP})$。

[1] A是可满足的，当且仅当存在模型$\mathfrak{M}$，存在$w\in W$，使得$V(A, w)=1$。

[2] Σ是可满足的，当且仅当存在模型$\mathfrak{M}$，存在$w\in W$，使得对于任一$A\in\Sigma$，都有$V(A,w)=1$。

[3] A 是有效的，当且仅当对于任一模型 $\mathfrak{M}$ 及任一 $w \in W$，都有 $V(A,w)=1$；如果 A 是有效的，则记为 $\models_{\mathrm{ID}} A$，简记为 $\models A$。

[4] 如果对于任一模型 $\mathfrak{M}$ 及任一 $w \in W$，都有 $V(\Sigma,w)=1$ 蕴涵 $V(A,w)=1$，则称 A 是 Σ 的语义后承，记为 $\Sigma \models_{\mathrm{ID}} A$，简记为 $\Sigma \models A$。

$\Sigma \not\models A$ 表示 $\Sigma \models A$ 不成立。

定理 6.3.2 设 $A,B,C \in Form(L^{IP})$，

[1] $\models A \to A$

[2] $\models B \to (A \to (A \to B))$

[3] $\models \neg B \to (\neg A \to (A \to B))$

[4] $\models B \to (\neg A \to (A \to B))$，其中 A 和 B 相关。

[5] $\models B \to (\neg A \to \neg(A \to B))$，其中 A 和 B 不相关。

[6] $\models (A \to B) \to (A \to (A \to B))$

[7] $\models (A \to (A \to (B \to C))) \to ((A \to (A \to B)) \to (A \to (A \to C)))$

[8] $\models A \wedge B \to A$

[9] $\models A \wedge B \to B$

[10] $\models A \to (B \to A \wedge B)$

[11] $\models A \to A \vee B$

[12] $\models A \to B \vee A$

[13] $\models (A \to C) \to ((B \to C) \to (A \vee B \to (A \vee B \to C)))$

[14] $\models (A \to (A \to B)) \to ((A \to (A \to \neg B)) \to \neg A)$

[15] $\models B \to (\neg B \to (\neg B \to A))$

证明：我们选证[2]、[5]和[14]，其他省略。

[2] 假设 $\models B \to (A \to (A \to B))$ 不成立，则存在一个模型 $\mathfrak{M} = \langle W,R,V \rangle$，使得：

(1) 存在 $w \in W$，$V(B \to (A \to (A \to B)),w)=0$

因此，存在 $w' \in W$，wRw'，并且

(2) $V(B,w')=1$

(3) $V(A \to (A \to B),w')=0$

由(3)可得，存在 $w'' \in W$，$w'Rw''$，并且

(4) $V(A,w'')=1$

(5) $V(A \to B,w'')=0$

由(2)、(4)根据定理 6.3.1[2]可知，对于任何 $w''' \in W$， $w''Rw'''$，均有：

(6) $V(A,w''')=V(B,w''')=1$

根据语义定义 6.3.2[5]，可得：

(7) $V(A\to B,w'')=1$

(5)和(7)矛盾。所以假设不成立。

[5] 假设 $\models B\to(\neg A\to\neg(A\to B))$（其中 A 和 B 不相关）不成立，则存在一个模型 $\mathfrak{M}=\langle W,R,V\rangle$，使得：

(1) 存在 $w\in W$，使得 $V(B\to(\neg A\to\neg(A\to B)),w)=0$

根据语义定义可得，存在 $w'\in W$， wRw'，并且

(2) $V(B,w')=1$

(3) $V(\neg A\to\neg(A\to B),w')=0$

由(3)可得，存在 $w''\in W$， $w'Rw''$，并且

(4) $V(\neg A,w'')=1$

(5) $V(\neg(A\to B),w'')=0$

由(5)可得，存在 $w'''\in W$， $w''Rw'''$，并且

(6) 存在 $w'''\in W$， $w''Rw'''$，并且 $V(A\to B,w''')=1$

由(2)、(4)、(6)根据语义定义可得：

(7) $V(B,w''')=1$

(8) $V(A,w''')=0$

因为 A 和 B 不相关，所以根据 R 的自返性和语义定义，由(7)、(8)可得：

(9) $V(A\to B,w''')=0$

(6)和(9)矛盾。所以假设不成立。

[14] 假设 $\models(A\to(A\to B))\to((A\to(A\to\neg B))\to\neg A)$ 不成立，则存在一个模型 $\mathfrak{M}=\langle W,R,V\rangle$，使得：

(1) 存在 $w\in W$，

$V((A\to(A\to B))\to((A\to(A\to\neg B))\to\neg A),w)=0$

因此，存在 $w'\in W$， wRw'，并且

(2) $V(A\to(A\to B),w')=1$

(3) $V((A\to(A\to\neg B))\to\neg A,w')=0$

由(3)可得，存在$w''\in W$，$w'Rw''$，并且

(4) $V(A\to(A\to\neg B),w'')=1$

(5) $V(\neg A,w'')=0$

由(5)可得，存在$w'''\in W$，$w''Rw'''$，并且

(6) $V(A,w''')=1$

由(2)根据定理 6.3.1[2]可知：

(7) $V(A\to(A\to B),w''')=1$

由(6)和(7)根据语义定义有：

(8) $V(A\to B,w''')=1$

进一步有：

(9) $V(B,w''')=1$

由(4)根据定理 6.3.1[2]可知：

(10) $V(A\to(A\to\neg B),w''')=1$

由(6)和(10)根据语义定义有：

(11) $V(A\to\neg B,w''')=1$

进一步有：

(12) $V(\neg B,w''')=1$

根据语义定义 6.3.2[2]，可得：

(13) $V(B,w''')=0$

(9)和(13)矛盾。所以假设不成立。

定理 6.3.3 如果$\Sigma\models A$，并且$\Sigma\models A\to B$，则$\Sigma\models B$。

6.4 ID 的元理论

定理 6.4.1 设$\Sigma\subseteq Form(L^{IP})$，$A\in Form(L^{IP})$。

[1] 如果$\vdash A$，则$\models A$；

[2] 如果$\Sigma\vdash A$，则$\Sigma\models A$。

证明：

[1] 施归纳于证明的结构。这只需证明形式系统 ID 中的公理都是有效的，并且其推理规则都是保持有效的。定理 6.3.2 和定理 6.3.3 已经证明了这两点。

[2]是[1]的推论。

定义 6.4.1 设$\Sigma \subseteq Form(L^{IP})$，$\Sigma$是ID协调的，当且仅当存在公式$A$，使得$\Sigma \nvdash_{ID} A$。

为了方便，Σ是ID协调的也简称Σ是协调的。

根据$Ax15$，显然有：对于任一公式B，如果Σ是协调的，那么B和$\neg B$至少有一个不属于Σ。

定义 6.4.2（**强协调性**）　设$\Sigma \subseteq Form(L^{IP})$，$\Sigma$是强协调的，当且仅当$\Sigma$满足下列条件：

[1] Σ是协调的；

[2] 对于任何$A \in Form(L^{IP})$，$\Sigma \vdash_{ID} A$蕴涵$A \in \Sigma$；

[3] 对于任何A、$B \in Form(L^{IP})$，$A \vee B \in \Sigma$蕴涵$A \in \Sigma$或$B \in \Sigma$。

定理 6.4.2 设$\Sigma \subseteq Form(L^{IP})$，$A \in Form(L^{IP})$，并且$\Sigma \nvdash_{ID} A$。于是$\Sigma$可以扩充为$\Sigma' \subseteq Form(L')$，使得$\Sigma'$是强协调集，并且$\Sigma' \nvdash_{ID} A$。

证明：

因为形式语言L^{IP}是一可数语言，所以令

(1)　　B_0，B_1，…，B_n，B_{n+1}，…

是$Form(L^{IP})$中公式的任意一个排列。

定义一个$\Sigma_n \subseteq Form(L^{IP})$的无限序列如下：

令$\Sigma_0 = \Sigma$。由Σ_n构造Σ_{n+1}的规则如下：

[1] 如果Σ_n，$B_n \vdash_{ID} A$，则令$\Sigma_{n+1} = \Sigma_n$；

[2] 如果Σ_n，$B_n \nvdash_{ID} A$，并且B_n不是析取式，则令$\Sigma_{n+1} = \Sigma_n \bigcup \{B_n\}$；

[3] 如果Σ_n，$B_n \nvdash_{ID} A$，并且B_n是析取式$B_n' \vee B_n''$，则有

或者Σ_n，$B_n' \nvdash_{ID} A$

或者Σ_n，$B_n'' \nvdash_{ID} A$

令

$$\Sigma_{n+1} = \begin{cases} \Sigma_n \bigcup \{B_n, B_n'\}, & \text{如果}\Sigma_n，B_n' \nvdash_{ID} A \\ \Sigma_n \bigcup \{B_n, B_n''\}, & \text{如果}\Sigma_n，B_n，B_n'' \nvdash_{ID} A \end{cases}$$

显然，有

(2)　　对于任意的$n \in \omega$，$\Sigma_n \subseteq \Sigma_{n+1}$

(3)　　对于任意的$n \in \omega$，$\Sigma_n \nvdash_{ID} A$

令$\Sigma' = \bigcup_{n\in\omega} \Sigma_n$。于是$\Sigma \subseteq \Sigma' \subseteq Form(L^{IP})$。下面证明：

(4) $\Sigma' \nvdash_{\mathrm{ID}} A$

(5) Σ'具有强协调性。

首先证明(4)。假设$\Sigma' \vdash_{\mathrm{ID}} A$。于是存在$\Sigma'$的有限子集$\{A_1, \cdots, A_k\}$使得$A_1$，…，$A_k \vdash_{\mathrm{ID}} A$。令$A_1 \in \Sigma_{i_1}$，…，$A_k \in \Sigma_{i_k}$，假设$i = max(i_1, \cdots, i_k)$，则$A_1$，…，$A_k \subseteq \Sigma_i$，因而有$\Sigma_i \vdash_{\mathrm{ID}} A$，这与(3)矛盾。因此$\Sigma' \nvdash_{\mathrm{ID}} A$。

下面证明(5)。

因为存在公式A，$\Sigma' \nvdash_{\mathrm{ID}} A$，所以$\Sigma'$是协调的。这样$\Sigma'$满足了强协调性的第一个条件。

设$B \in Form(L^{ID})$并且$\Sigma' \vdash_{\mathrm{ID}} B$。则有：

(6) Σ'，$B \nvdash_{\mathrm{ID}} A$

因为如果Σ'，$B \vdash_{\mathrm{ID}} A$，则有$\Sigma' \vdash_{\mathrm{ID}} B \to (B \to A)$，进而有$\Sigma' \vdash_{\mathrm{ID}} A$，这与(4)矛盾。

设公式B在排列(1)中为B_m，则有

(7) Σ_m，$B_m \nvdash_{\mathrm{ID}} A$

因为如果Σ_m，$B_m \vdash_{\mathrm{ID}} A$，则由于$\Sigma_m \subseteq \Sigma'$，故有$\Sigma'$，$B \vdash_{\mathrm{ID}} A$，这与(6)矛盾。

根据由Σ_n构造Σ_{n+1}的规则[2]～[4]可知$B_m \in \Sigma_{m+1}$，因此有$B \in \Sigma'$，于是Σ'满足了强协调性的第二个条件。

设$B' \vee B'' \in \Sigma'$并且$B' \vee B''$在排列(1)中为B_m。于是

(8) Σ_m，$B' \vee B'' \nvdash_{\mathrm{ID}} A$

因为如果Σ_m，$B' \vee B'' \vdash_{\mathrm{ID}} A$，则$\Sigma'$，$B' \vee B'' \vdash_{\mathrm{ID}} A$，则有$\Sigma' \vdash_{\mathrm{ID}} B' \vee B'' \to (B' \vee B'' \to A)$，进而有$\Sigma' \vdash_{\mathrm{ID}} A$，这与(4)矛盾。

根据由Σ_n构造Σ_{n+1}的规则[3]可知：或者$B' \in \Sigma_{m+1}$或者$B'' \in \Sigma_{m+1}$，因此或者$B' \in \Sigma'$或者$B'' \in \Sigma'$，于是Σ'满足了强协调性的第三个条件。

这样就证明了Σ'具有强协调性。

设$\Sigma \subseteq Form(L^{IP})$、$A \in Form(L^{IP})$，并且$\Sigma \nvdash_{\mathrm{ID}} A$。令$\Sigma_0 = \Sigma$。由定理 6.4.2 可知，$\Sigma_0$可扩充为$\Sigma_1 \subseteq Form(L^{IP})$，使得$\Sigma_1$是强协调的并且$\Sigma_1 \nvdash_{\mathrm{ID}} A$。同样，$\Sigma_1$可扩充为$\Sigma_2 \subseteq Form(L^{IP})$，使得$\Sigma_2$是强协调的并且$\Sigma_2 \nvdash_{\mathrm{ID}} A$，……。这样，对于任一$n \geq 1$，有$\Sigma_n \subseteq Form(L^{IP})$，使得$\Sigma_n$是强协调的并且$\Sigma_n \nvdash_{\mathrm{ID}} A$，并且$\Sigma_n \subseteq \Sigma_{n+1}$。

定义 6.4.3 设$\Sigma \nvdash_{\mathrm{ID}} A$，与$\Sigma$、$A$相关的三元组$\mathfrak{M}^* = < W^*, R^*, V^* >$

是按照如下方式给出的。

$W^*=\{w_n \mid \Sigma\subseteq w_n, w_n$ 是强协调的并且 $w_n \nvdash_{\mathrm{ID}} A\}$；

$w_i R^* w_j$ 当且仅当 $i\le j$；

对于任一原子公式 B，$V^*(B, w_n)=1$ 当且仅当 $B\in w_n$。

定理 6.4.3 设 $\Sigma\nvdash_{\mathrm{ID}} A$，　$\mathfrak{M}^*=<W^*, R^*, V^*>$ 是与 Σ、A 相关的三元组，w_i、$w_j\in W^*$。

[1] 对所有的 w、w'、$w''\in W^*$，wR^*w 并且 $wR^*w'\wedge w'R^*w''\to wR^*w''$；

[2] 对所有的 w、$w'\in W^*$，$wR^*w'\to w\subseteq w'$。

定理 6.4.4 设 $\Sigma\nvdash_{\mathrm{ID}} A$，$\mathfrak{M}^*=<W^*, R^*, V^*>$ 是与 Σ、A 相关的三元组，$D\in Form(L^{IP})$。那么，对于任意的 $n(\ge 1)$，$V^*(D, w_n)=1\Leftrightarrow D\in w_n$。

证明：

对公式 D 的结构作归纳。可以分五种情形，即 D 为原子公式、$\neg B$、$B\vee C$、$B\wedge C$、$B\to C$。

[1] 当 D 为原子公式，则由 V^* 的定义可知，命题成立。

[2] 当 D 为 $\neg B$ 时。

先证 $\neg B\in w_n\Rightarrow V^*(\neg B, w_n)=1$

$\neg B\in w_n\Rightarrow$ 对于任意的 $m\ge n$，，$\neg B\in w_m$

$\Rightarrow$ 对于任意的 $m\ge n$，$B\notin w_m$（w_m 是强协调的）

$\Rightarrow$ 对于任意的 $m\ge n$，$V^*(B, w_m)=0$（归纳假设）

$\Rightarrow V^*(\neg B, w_n)=1$（语义定义）

再证 $V^*(\neg B, w_n)=1\Rightarrow\neg B\in w_n$

$\neg B\notin w_n\Rightarrow w_n\nvdash_{\mathrm{ID}}\neg B$（$w_n$ 是强协调的）

$\Rightarrow w_n\nvdash_{\mathrm{ID}} B\to(B\to\neg B)$

$\Rightarrow w_n$，$B\nvdash_{\mathrm{ID}}\neg B$

$\Rightarrow w_n\cup\{B\}$ 能扩充为 w_{n+1}，w_{n+1} 是强协调的 $w_{n+1}\nvdash_{\mathrm{ID}} A$

$\Rightarrow B\in w_{n+1}$

$\Rightarrow V^*(B, w_{n+1})=1$

$\Rightarrow V^*(\neg B, w_n)=0$（因为 $w_nR^*w_{n+1}$）

[3] 当 D 为 $B\vee C$ 时。

先证 $B\vee C\in w_n\Rightarrow V^*(B\vee C, w_n)=1$

$B\vee C\in w_n\Rightarrow$　$B\in w_n$ 或者 $C\in w_n$（w_n 是强协调的之析取性）

$\Rightarrow V^*(B, w_n)=1$ 或者 $V^*(C, w_n)=1$（归纳假设）

$\Rightarrow V^*(B \vee C, w_n)=1$（语义定义）

再证 $V^*(B \vee C, w_n)=1 \Rightarrow B \vee C \in w_n$

$V^*(B \vee C, w_n)=1 \Rightarrow V^*(B, w_n)=1$ 或者 $V^*(C, w_n)=1$（语义定义）

$\Rightarrow B \in w_n$ 或者 $C \in w_n$（归纳假设）

$\Rightarrow B \vee C \in w_n$（$w_n$ 是强协调的之形式推演封闭性）

[4] 当 D 为 $B \wedge C$ 时。

先证 $B \wedge C \in w_n \Rightarrow V^*(B \wedge C, w_n)=1$

$B \wedge C \in w_n \Rightarrow$ $B \in w_n$ 而且 $C \in w_n$（w_n 是强协调的之形式推演封闭性）

$\Rightarrow V^*(B, w_n)=1$ 而且 $V^*(C, w_n)=1$（归纳假设）

$\Rightarrow V^*(B \wedge C, w_n)=1$（语义定义）

再证 $V^*(B \wedge C, w_n)=1 \Rightarrow B \wedge C \in w_n$

$V^*(B \wedge C, w_n)=1 \Rightarrow V^*(B, w_n)=1$ 而且 $V^*(C, w_n)=1$（语义定义）

$\Rightarrow B \in w_n$ 而且 $C \in w_n$（归纳假设）

$\Rightarrow B \wedge C \in w_n$（$w_m$ 是强协调的之形式推演封闭性）

[5] 当 D 为 $B \rightarrow C$ 时。

假设 $V^*(D, w_n)=1$：

(1) 如果对于任一 $w_m \in W$， 若 $w_n R w_m$，则 $V(B, w_m)=V(C, w_m)$，那么根据归纳假设有：$B \in w_m$ 当且仅当 $C \in w_m$，因为 $w_n R w_n$，所以有 $B \in w_n$ 当且仅当 $C \in w_n$，即或者 $B \in w_n$ 且 $C \in w_n$，或者 $B \notin w_n$ 且 $C \notin w_n$，亦即有或者 $B \in w_n$ 且 $C \in w_n$，或者 $\neg B \in w_n$ 且 $\neg C \in w_n$。这样，或者有 $w_n \vdash B$ 且 $w_n \vdash C$ 或者有 $w_n \vdash \neg B$ 且 $w_n \vdash \neg C$，那么根据公理 2 和公理 3，均可得到：$w_n \vdash B \rightarrow C$，因为 w_n 是强协调集，所以有 $(B \rightarrow C) \in w_n$。

(2) 如果对于任一 $w_m \in W$， 若 $w_n R w_m$，则 $V(B, w_m)=$ [illegible]，$V(C, w_m)=1$，且 B、C 相关。那么根据归纳假设有：$B \notin w_m$，$C \in w_m$，且 B、C 相关，因而有 $\neg B \in w_m$，$C \in w_m$，且 B、C 相关。因为 $w_n R w_n$，所以有 $\neg B \in w_n$，$C \in w_n$，且 B、C 相关。这样，有 $w_n \vdash \neg B$，$w_n \vdash C$ 且 B、C 相关，那么根据公理 4 可以得到：$w_n \vdash B \rightarrow C$，因为 w_n 是强协

调集，所以有$(B \to C) \in w_n$。

假设$V^*(D, w_n) = 0$：

(1) 如果存在$w_m \in W$，　$w_n R w_m$，$V(B, w_m) = 1$，$V(C, w_m) = 0$，根据归纳假设有：$B \in w_m$，$C \notin w_m$。假设$(B \to C) \in w_m$，则有$C \in w_m$，矛盾。因此可得$(B \to C) \notin w_m$，因为$w_n R w_m$，所以$w_n \subseteq w_m$，因此$(B \to C) \notin w_n$。

(2) 如果存在$w_m \in W$，$w_n R w_m$，$V(B, w_m) = 0$，$V(C, w_m) = 1$且A、B不相关，那么根据归纳假设有：$B \notin w_m$，$C \in w_m$，且B、C不相关，因而有$\neg B \in w_m$，$C \in w_m$，且B、C不相关。这样，有$w_m \vdash \neg B$，$w_m \vdash C$且B、C不相关，那么根据公理 5 可以得到：$w_m \vdash \neg(B \to C)$，因为w_n是强协调集，所以有$\neg(B \to C) \in w_m$，因而$(B \to C) \notin w_m$，因为$w_n R w_m$，所以$w_n \subseteq w_m$，因此$(B \to C) \notin w_n$。

定理 6.4.5 设$\Sigma \subseteq Form(L^{IP})$，$A \in Form(L^{IP})$。

[1] 如果Σ是协调的，则Σ是可满足的；

[2] 如果$\Sigma \models_{\mathrm{ID}} A$，则$\Sigma \vdash_{\mathrm{ID}} A$；

[3] 如果$\models_{\mathrm{ID}} A$，则$\vdash_{\mathrm{ID}} A$。

证明：

[1] 设Σ是协调的。则有$A \in Form(L^{IP})$，使得$\Sigma \nvdash_{\mathrm{ID}} A$。由定理 6.4.2 可知，$\Sigma$能扩充为$\Sigma_1 \subseteq Form(L^{IP})$，使得$\Sigma_1$是强协调的并且$\Sigma_1 \nvdash_{\mathrm{ID}} A$，取任何$B \in \Sigma$，有$B \in \Sigma_1$，由定理 6.4.4 可得$V^*(B, w_1) = 1$，因此$V^*(\Sigma, w_1) = 1$，从而$\Sigma$是可满足的。

[2] 假设$\Sigma \nvdash_{\mathrm{ID}} A$，由定理 6.4.2 可知，$\Sigma$能扩充为$\Sigma_1 \subseteq Form(L^{IP})$，使得$\Sigma_1$是强协调的并且$\Sigma_1 \nvdash_{\mathrm{ID}} A$，取任何$B \in \Sigma$，有$B \in \Sigma_1$，由定理 6.4.4 可得$V^*(B, w_1) = 1$，因此$V^*(\Sigma, w_1) = 1$，但是$A \notin \Sigma_1$，由定理 6.4.4 可得$V^*(A, w_1) = 0$。所以$\Sigma \nvDash_{\mathrm{ID}} A$。

[3]是[2]的特殊情形。

本章小结：在本章我们基于强知识蕴涵关系，将知识蕴涵命题逻辑系统扩充到直觉主义逻辑，建立了知识蕴涵直觉主义命题逻辑系统，证明了系统的可靠性、完全性。在该系统中，弗协调逻辑和直觉主义逻辑的特征都被保留了下来。

第七章　知识蕴涵谓词逻辑

在这一章，我们将建立知识蕴涵谓词逻辑，进一步探讨知识蕴涵谓词逻辑的一些理论特征。

7.1 形式语言

定义 7.1.1　知识蕴涵谓词逻辑的形式语言 L^{FO} 由下列符号构成：

[1] 个体符号：个体常元符号：c_1、c_2、⋯ ，

个体变元符号：　自由变元符号：u_1、u_2、⋯ ，

约束变元符号：x_1、x_2、⋯ ；

[2] 函数符号：f_1、f_2、⋯ ；

[3] 谓词符号：R_1、R_2、⋯ ；

[4] 连接词符号：¬，∧，→；

[5] 量词符号：∀；

[6] 标点符号：，、（、）。

一般用 a、b、c 表示任意的个体常元符号，用 u、v、w 表示任意的个体自由变元符号，用 x、y、z 表示任意的个体约束变元符号，用 f、g、h 表示任意的函数符号，用 F、G、H 表示任意的谓词符号。

一个由形式语言 L^{FO} 中符号构成的任意有穷序列称为一个表达式，我们将用大写字母 X 、Y 、Z （或加下标）来表示任意的表达式。

一阶形式语言 L^{FO} 中项、原子公式和公式的集，分别记为 $Term(L^{FO})$ 、$Atom(L^{FO})$ 和 $Form(L^{FO})$ 。

一般用小写字母 t 、s 及其下标来表示任一项；用大写字母 A 、B 、C 、

D等表示任意的公式。

定义 7.1.2 ($Term(L^{FO})$) $t \in Term(L^{FO})$，当且仅当t能由（有穷次使用）下列规则生成：

[1] a, $u \in Term(L^{FO})$；

[2] 如果t_1，t_2，$\cdots$，$t_n \in Term(L^{FO})$，并且f是n元函数符号，则$f(t_1, t_2, \cdots, t_n) \in Term(L^{FO})$。

称含自由变元符号的项为开项，不含自由变元符号的项为闭项。

要证明所有项具有某个性质，可以通过对项的生成过程的结构作归纳证明。

定义 7.1.3 ($Atom(L^{FO})$) $X \in Atom(L^{FO})$，当且仅当X形如：$R(t_1, t_2, \cdots, t_n)$，其中R是n元关系符号，t_1，t_2，$\cdots$，$t_n \in Term(L^{FO})$。

令U、V_1、…，V_n是L^{FO}中的符号串，s_1、…，s_n是L^{FO}中的符号。有时将U写作

$$U(s_1, \cdots, s_n)$$

表示s_1、…，s_n在U中出现。如果在上文中先出现了$U(s_1, \cdots, s_n)$，那么随后出现的

$$U(V_1, \cdots, V_n)$$

表示的是由$U(s_1, \cdots, s_n)$中同时将所有的$s_i (1 \le i \le n)$替换为$V_i (1 \le i \le n)$而得到的符号串。

定义 7.1.4 ($Form(L^{FO})$) $X \in Form(L^{FO})$，当且仅当X能由（有穷次使用）下列规则生成：

[1] $Atom(L^{FO}) \subseteq Form(L^{FO})$；

[2] 如果$A \in (Form(L^{FO}))$，则$(\neg A) \in Form(L^{FO})$；

[3] 如果A，$B \in Form(L^{FO})$，则$(A \wedge B)$、$(A \to B) \in Form(L^{FO})$；

[4] 如果$A(u) \in Form(L^{FO})$，并且x不在$A(u)$中出现，则$\forall x A(x) \in Form(L^{FO})$。

下文中，若在某处的上下文中出现$A(u)$和$\forall x A(x)$，就意味$\forall x A(x)$由$A(u)$使用上述规则[4]而得。

定义 7.1.5

$A \vee B =_{def} \neg(\neg A \wedge \neg B)$

$A \leftrightarrow B =_{def} (A \to B) \wedge (B \to A)$

$A \circledcirc B =_{def} (A \to (A \to B))$

$\exists x A(x) =_{def} (\neg \forall x(\neg A(x)))$

公式中括号的省略规则和命题逻辑中相同。

含自由变元的公式称为开公式（或命题函数），不含自由变元的公式称为闭公式（或语句），形式语言 L^{FO} 中所有语句的集合记为 $Sent(L^{FO})$。

公式 $\forall x A(x)$ 中的 $A(x)$ 不是公式，称之为拟公式，同样用大写字母 A、B、C 表示任意的拟公式。

要证明所有公式具有某个性质，可以通过对公式的生成过程的结构作归纳证明。

定义 7.1.6 称 $\forall x A(x)$ 为全称公式，称 $\exists y B(y)$ 为存在公式。

定义 7.1.7 称 A 和 B 相关，如果 A 和 B 中有相同的项或者谓词。

7.2 知识蕴涵谓词逻辑公理系统

定义 7.2.1 知识蕴涵谓词逻辑系统 DF 的公理是具有下列形式的公式：

$Ax1$ $A \to A$

$Ax2$ $B \to (A \to (A \to B))$

$Ax3$ $\neg B \to (\neg A \to (A \to B))$

$Ax4$ $B \to (\neg A \to (A \to B))$，其中 A 和 B 相关。

$Ax5$ $B \to (\neg A \to \neg(A \to B))$，其中 A 和 B 不相关。

$Ax6$ $(A \to B) \to (A \to (A \to B))$

$Ax7$ $(A \to (A \to (B \to C))) \to ((A \to (A \to B)) \to (A \to (A \to C)))$

$Ax8$ $A \wedge B \to A$

$Ax9$ $A \wedge B \to B$

$Ax10$ $A \to (B \to A \wedge B)$

$Ax11$ $(A \to (A \to B)) \to ((A \to (A \to \neg B)) \to \neg A)$

$Ax12$ $\neg\neg A \to A$

$Ax13$ $\forall x(A \to (A \to B(x))) \to (A \to (A \to \forall x B(x)))$，其中 x 不在 A 中出现

$Ax14$ $\forall x A(x) \to A(t)$，$A(t)$ 是由将 $A(x)$ 的 x 全部替换为 t 而得

定义 7.2.2 知识蕴涵谓词逻辑 DF 系统的推理规则是下列变形规则：

[1] 分离规则：由 A 和 $A \to B$ 可以得到 B。简记为 MP；

[2] 概括规则：由 $A(u)$ 可以得到 $\forall x A(x)$。简记为 $(\forall +)$。

定义 7.2.3 一个有穷的公式序列

$$A_1, \ A_2, \ \cdots, \ A_{n-1}, \ A_n$$

如果满足下列条件：对每个 $k \ (1 \le k \le n)$，

[3] A_k 是公理；或者

[4] 有 i，$j < k$，使得 $A_i = A_j \to A_k$（即 A_k 由 MP 得到）；或者

[5] $A_k \ (= \forall x A(x))$ 由在先的一个公式 $A_i(A_i = A(u)) \ (i < k)$ 经使用概括规则而得到。

则称公式序列 A_1，A_2，$\cdots$，A_{n-1}，A_n 为 DF 证明。

如果 A_1，A_2，$\cdots$，A_{n-1}，A_n 为 DF 的证明并且 $A_n = A$，则称序列 A_1，A_2，$\cdots$，A_{n-1}，A_n 为公式 A 的 DF 证明；如果公式 A 存在一个 DF 证明，则称 A 是 DF 可证的，也称 A 是 DF 的定理，记为 $\vdash_{\mathrm{DF}} A$，简记为 $\vdash A$。

定义 7.2.4 设 $A \in Form(L^{FO})$，$\Sigma \in Form(L^{FO})$。一个有穷的公式序列

$$A_1, \ A_2, \ \cdots, \ A_{n-1}, \ A_n$$

如果满足下列条件：对每个 $k \ (1 \le k \le n)$，

[1] A_k 是公理；或者

[2] $A_k \in \Sigma$；或者

[3] 有 i，$j < k$，使得 $A_i = A_j \to A_k$（即 A_k 由 MP 得到）；或者

[4] $A_k \ (= \forall x A(x))$ 由在先的一个定理 $A_i(A_i = A(u)) \ \ (j < k)$ 经使用概括规则而得到。

则称公式序列 A_1，A_2，$\cdots$，A_{n-1}，A_n 是以 Σ 为假设的一个 DF 推演。

如果 A_1，A_2，$\cdots$，A_{n-1}，A_n 是以 Σ 为假设的一个 DF 推演并且 $A_n = A$，则称序列 A_1，A_2，$\cdots$，A_{n-1}，A_n 是从公式集 Σ 到 A 的 DF 推演；如果存在一个从假设 Σ 到 A 的 DF 推演，则称在 DF 中 A 是从 Σ 可推演的，也称在 DF 中 A 是 Σ 的语法后承，记为 $\Sigma \vdash_{\mathrm{DF}} A$，简记为 $\Sigma \vdash A$。

根据上述定义，显然有

定理 7.2.1 设 $A \in Form(L^{FO})$，$\Sigma \in Form(L^{FO})$。

[1] 如果$A \in \Sigma$，则$\Sigma \vdash A$，记为$(\in)$；

[2] 如果$\Sigma \vdash A$，则Σ，$\Sigma' \vdash A$，记为$(+)$；

[3] 如果$\Sigma \vdash \Sigma'$，$\Sigma' \vdash A$，则$\Sigma \vdash A$，记为(Tr)；

[4] 如果$\Sigma \vdash A$，$\Sigma \vdash A \to B$，则$\Sigma \vdash B$，记为$(\to -)$；

[5] $\vdash A$，当且仅当$\varnothing \vdash A$；

[6] $\Sigma \vdash A$，当且仅当存在Σ的有限子集Σ'，$\Sigma' \vdash A$；

[7] 如果$\Sigma \vdash A \to B$，则Σ，$A \vdash B$。

可以看出命题逻辑公理系统D的公理模式和推理规则都包含在一阶谓词逻辑公理系统 DF 之中，所以系统 D 的所有定理在系统 DF 中都成立，区别只是其中的公式扩大为L^{FO}中的公式。因此，在系统 DF 的定理证明中我们将直接使用系统 D 中的定理，在下面的证明中我们将统一标注为$DFTh$。

定理 7.2.2（**演绎定理**） 设$A \in (Form(L^{FO}))$，$\Sigma \in (Form(L^{FO}))$。如果$\Sigma$，$A \vdash B$，则$\Sigma \vdash A \to (A \to B)$。

证明：施归纳于推演Σ，$A \vdash B$的长度m。

其它情况均于命题逻辑中相同。以下只证明归纳步骤中当$B = \forall x B'(x)$时的情形。

当$B = \forall x B'(x)$时，根据推演的定义知道，B是由在它前面的定理$B'(u)$经使用概括规则而得到。因为$B'(u)$是定理，即$\vdash B'(u)$，根据概括规则可得：$\vdash \forall x B'(x)$，即$\vdash B$；根据公理 2 有$\vdash B \to (A \to (A \to B))$，所以有$\vdash A \to (A \to B)$。根据定理 7.2.1[2]有$\Sigma \vdash A \to (A \to B)$。

7.3 知识蕴涵谓词逻辑的形式语义

定义 7.3.1（**模型**） 知识蕴涵一阶语言L^{FO}的一个模型$\mathfrak{M}$是一个四元序组

$$< M, \left\{R_i^{\mathfrak{M}}\right\}_{i \in I}, \left\{f_j^{\mathfrak{M}}\right\}_{j \in J}, \left\{c_k^{\mathfrak{M}}\right\}_{k \in K} >$$

它由四部分构成：

[1] 一个非空的集合M，称为模型的$\mathfrak{M}$的论域；

[2] $R_i^{\mathfrak{M}} \subseteq M^n$，对于$L^{FO}$中的每一个$n$元关系符号$R_i$；

[3] $f_j^{\mathfrak{M}}$： $M^k \to M$，对于 L^{FO} 中的每一个 k 元函数符号 f_j；

[4] $c_k^{\mathfrak{M}} \in M$，对于 L^{FO} 中的每一个常元符号。

模型 $\mathfrak{M}$ 将一阶语言 L^{FO} 中的每一个 n 关系符号解释为非空集 M 的 n 元关系，将一阶语言 L^{FO} 中的每一个 k 元函数符号解释为非空集 M 的 k 元函数，将一阶语言 L^{FO} 中的每一个常元符号解释为非空集 M 中的一个元素。

定义 7.3.2（**指派**） 设 $\mathfrak{M}$ 是模型，M 是它的论域。模型 $\mathfrak{M}$ 上的一个指派 σ 是一个由一阶语言中的自由变元集到 M 上的一个函数。即，对于任何自由变元 u，有

$$\sigma(u) \in M。$$

定义 7.3.3（**赋值**） 一阶语言 L^{FO} 的一个赋值 V 是一个二元组 $V = <\mathfrak{M},\ \sigma>$，其中 $\mathfrak{M}$ 是一阶语言 L^{FO} 的一个模型， σ 是模型 $\mathfrak{M}$ 上的一个指派。

定义 7.3.4 设 $V = <\mathfrak{M},\ \sigma>$ 是一个赋值， M 是模型 $\mathfrak{M}$ 的论域，$m_i \in M$， w 是 L^{FO} 中的任一自由变元，$\mathfrak{M}$ 上的一个指派 $\sigma(u/m_i)$ 指的是：

$$\sigma(u/m_i)(w) = \begin{cases} \sigma(w) & \text{如果 } w \neq u\text{；} \\ m_i & \text{如果 } w = u\text{。} \end{cases}$$

设 $V = <\mathfrak{M},\ \sigma>$，约定 $V(u/m_i) = <\mathfrak{M}, \sigma(u/m_i)>$。

定义 7.3.5（**项的基本语义定义**） 设 $V = <\mathfrak{M},\ \sigma>$ 是一个赋值，$t \in Term(L^{FO})$，t 在赋值 V 下的值递归地定义如下：

[1] 如果 t 是自由变元 u，则 $V(t) = \sigma(u)$；

[2] 如果 t 是常元 c，则 $V(t) = c^{\mathfrak{M}}$；

[3] 如果 t 是 $f(t_1, \cdots, t_k)$，其中 f 是 L^{FO} 中的 k 元函数符号，t_1，$\cdots$，$t_k \in Term(L^{FO})$，那么，$V(f(t_1, \cdots, t_k)) = f^{\mathfrak{M}}(V(t_1), \cdots, V(t_k))$。

定理 7.3.1 设 $V = <\mathfrak{M},\ \sigma>$ 是一个赋值， M 是模型 $\mathfrak{M}$ 的论域，$t \in Term(L^{FO})$，则

$$V(t) \in M。$$

证明：对项 t 的结构作归纳。

归纳基始。

[1] 若t是自由变元，则$V(t)=\sigma(u)\in M$；

[2] 若t是常元c，则$V(c)=c^{\mathfrak{M}}\in M$。

归纳步骤。若$t=f(t_1,\cdots,t_k)$，根据归纳假设$V(t_i)=m_i\in M$，所以有$V(f(t_1,\cdots,t_k))=f^{\mathfrak{M}}(V(t_1),\cdots,V(t_k))=f^{\mathfrak{M}}(m_1,\cdots,m_k)\in M$。

定义 7.3.6（**公式的基本语义定义**） 设$V=<\mathfrak{M},\ \sigma>$是一个赋值，$A\in Form(L^{FO})$，在赋值$V$下公式$A$的值递归地定义如下：

[1] $V(R(t_1,\cdots,t_n))=1$，当且仅当$<V(t_1),\cdots,V(t_n)>\in R^{\mathfrak{M}}$；

[2] $V(\neg A)=1$，当且仅当$V(A)=0$；

[3] $V(A\wedge B)=1$，当且仅当，$V(A)=V(B)=1$；

[4] 如果$V(A)=V(B)$，那么$V(A\to B)=1$；

[5] 如果$V(A)=1$，$V(B)=0$，那么$V(A\to B)=0$；

[6] 如果$V(A)=0$，$V(B)=1$，并且A、B相关，那么$V(A\to B)=1$；

[7] 如果$V(A)=$ (，$V(B)=1$，并且A、B不相关，那么$V(A\to B)=0$；

[8] $V(\forall xA(x))=1$，当且仅当对于任何$m\in M$，都有$V(u/m)(A(u))=1$。

根据存在量词∃和其它连接词的定义可得：

[9] $V(\exists xA(x))=1$，当且仅当存在$m\in M$，使得$V(u/m)(A(u))=1$；

[10] $V(A\vee B)=1$，当且仅当$V(A)=1$或者$V(B)=1$；

[11] $V(A\leftrightarrow B)=1$，当且仅当“如果$V(A)=1$，则$V(B)=1$”并且“如果$V(B)=1$，则$V(A)=1$”。

定理 7.3.2 设$V=<\mathfrak{M},\ \sigma>$是一个赋值，$A\in Form(L^{FO})$，则

$$V(A)\in\{1,\ 0\}。$$

定理 7.3.3 设$V=<\mathfrak{M},\ \sigma>$和$V'=<\mathfrak{M},\ \sigma'>$是同一模型下的两个赋值，$t$是任一个项，$A$是任一公式。如果$t$和$A$中所含的自由变元在$u_1$，…，$u_n$之中，并且$\sigma(u_i)=\sigma'(u_i)\ (1\le i\le n)$，则有：

[1] $V(t)=V'(t)$；

[2] $V(A)=V'(A)$。

证明：

[1] 对t的结构作归纳。

归纳基始。

(1) 如果t是自由变元u，则$V(t)=\sigma(u)=\sigma'(u)=V'(t)$；

(2) 如果t是常元c，则$V(t)=c^{\mathfrak{M}}=V'(t)$。

归纳步骤：

如果t是$f(t_1,\cdots,t_k)$，其中f是L^{FO}中的k元函数符号，t_1，$\cdots$，$t_k\in Term(L^{FO})$，那么，根据归纳假设有：

对于任一t_m，$V(t_m)=V'(t_m)\ (1\le m\le k)$

所以，

$$V(f(t_1,\cdots,t_k))=f^{\mathfrak{M}}(V(t_1),\cdots,V(t_k))$$
$$=f^{\mathfrak{M}}(V'(t_1),\cdots,V'(t_k))\text{（根据归纳假设）}$$
$$=V'(f(t_1,\cdots,t_k))$$

[2] 对A的结构作归纳。

归纳基始。

如果$A=R(t_1,\cdots,t_n)$，则

$$\begin{aligned}V(A)=1&\Leftrightarrow V(R(t_1,\cdots,t_n))=1\\&\Leftrightarrow <V(t_1),\cdots,V(t_n)>\in R^{\mathfrak{M}}\\&\Leftrightarrow <V'(t_1),\cdots,V'(t_n)>\in R^{\mathfrak{M}}\\&\Leftrightarrow V'(R(t_1,\cdots,t_n))=1\\&\Leftrightarrow V'(A)=1\end{aligned}$$

归纳步骤。

(1) 如果$A=\neg A_1$，则

$$\begin{aligned}V(A)=1&\Leftrightarrow V(\neg A_1)=1\\&\Leftrightarrow V(A_1)=0\\&\Leftrightarrow V'(A_1)=0\\&\Leftrightarrow V'(\neg A_1)=1\\&\Leftrightarrow V'(A)=1\end{aligned}$$

(2) 如果$A=A_1\to A_2$，则有：

如果$V(A_1)=V(A_2)$，那么根据归纳假设$V'(A_1)=V(A_1)=V(A_2)=V'(A_2)$，所以$V(A)=1=V'(A)$；

如果$V(A_1)=1$，$V(A_2)=0$，那么根据归纳假设$V'(A_1)=1$，$V'(A_2)=0$，所以$V(A)=0=V'(A)$；

如果$V(A)=0$，$V(B)=1$，并且A、B相关，那么$V'(A)=0$，

$V'(B)=1$，并且 A、B 相关，$V(A\to B)=1=V'(A\to B)$；

如果 $V(A)=0$，$V(B)=1$，并且 A、B 不相关，那么 $V'(A)=0$，$V'(B)=1$，并且 A、B 不相关，$V(A\to B)=0=V'(A\to B)$。

(3) 如果 $A=\forall xA_1(x)$，则

$V(A)=1 \Leftrightarrow V(\forall xA_1(x))=1$

$\Leftrightarrow$ 对于所有的 $m\in M$，都有 $V(u/m)(A_1(u))=1$

$\Leftrightarrow$ 对于所有的 $m\in M$，都有 $V'(u/m)(A_1(u))=1$

$\Leftrightarrow V'(\forall xA_1(x))=1$

$\Leftrightarrow V'(A)=1$

定义 7.3.7（**可满足性**） 设 $A\in Form(L^{FO})$，$\Sigma\subseteq Form(L^{FO})$。称 A 是可满足的，当且仅当存在一个赋值 V，使得 $V(A)=1$；称 Σ 是可满足的，当且仅当存在一个赋值 V，使得对于任何 B，如果 $B\in\Sigma$，则 $V(B)=1$。

定义 7.3.8（**有效性**） 设 $A\in Form(L^{FO})$。称 A 是有效的，当且仅当对于任何赋值 V，都有 $V(A)=1$。

定理 7.3.4

形如 $\forall x(A(x)\to(A(x)\to B(x)))\to(\forall xA(x)\to(\forall xA(x)\to\forall xB(x)))$ 的公式是有效式

证明：

假设 $\forall x(A(x)\to(A(x)\to B(x)))\to(\forall xA(x)\to(\forall xA(x)\to\forall xB(x)))$ 不是有效的，则存在赋值 $V=<\mathfrak{M},\ \sigma>$，使得

(1) $\forall x(A(x)\to(A(x)\to B(x)))\to(\forall xA(x)\to(\forall xA(x)\to\forall xB(x)))=0$

根据赋值定义有：

(2) $V(\forall x(A(x)\to(A(x)\to B(x)))=1$

(3) $V(\forall xA(x)\to(\forall xA(x)\to\forall xB(x)))=0$

由(3)可得：

(4) $V(\forall xA(x))=1$

(5) $V(\forall xA(x)\to\forall xB(x))=0$

由(4)、(5)可得：

(6) $V(\forall xB(x))=0$

由(6)可得：

(7) 存在 $m\in M$，使得 $V(u/m)(B(u))=0$

由(4)、(7)根据赋值定义可得：

(8) $V(u/m)(A(u))=1$

由(7)、(8)可得：

(9) 存在$m\in M$，使得$V(u/m)(A(u)\to B(u))=0$

由(7)、(9)可得：

(10) 存在$m\in M$，使得$V(u/m)(A(u)\to B(u))=0$

由(11)可得：

(11) $V(\forall x(A(x)\to(A(x)\to B(x)))=1$

(2)和(11)矛盾。假设不成立。

所以，

形如 $\forall x(A(x)\to(A(x)\to B(x)))\to(\forall xA(x)\to(\forall xA(x)\to\forall xB(x)))$ 的公式是有效的。

定理 7.3.5 下列形式的公式都是有效的。

[1] $A\to A$

[2] $B\to(A\to(A\to B))$

[3] $\neg B\to(\neg A\to(A\to B))$

[4] $B\to(\neg A\to(A\to B))$，其中A和B相关。

[5] $B\to(\neg A\to\neg(A\to B))$，其中$A$和$B$不相关。

[6] $(A\to B)\to(A\to(A\to B))$

[7] $(A\to(A\to(B\to C)))\to((A\to(A\to B))\to(A\to(A\to C)))$

[8] $A\wedge B\to A$

[9] $A\wedge B\to B$

[10] $A\to(B\to A\wedge B)$

[11] $(A\to(A\to B))\to((A\to(A\to\neg B))\to\neg A)$

[12] $\neg\neg A\to A$

[13] $\forall x(A\to(A\to B(x)))\to(A\to(A\to\forall xB(x)))$，$x$不在$A$中出现

[14] $\forall xA(x)\to A(t)$，$A(t)$是由将$A(x)$的x全部替换为t而得

证明：我们证明[13]~[14]。

[13] 假设$\forall x(A\to(A\to B(x)))\to(A\to(A\to\forall xB(x))$（$x$不在$A$中出现）不是有效的，则存在赋值$V=<\mathfrak{M},\ \sigma>$，使得

(1) $V(\forall x(A \to (A \to B(x))) \to (A \to (A \to \forall xB(x)))) = 0$

根据赋值定义有：

(2) $V(\forall x(A \to (A \to B(x)))) = 1$

(3) $V(A \to (A \to \forall xB(x))) = 0$

由(3)可得：

(4) $V(A) = 1$

(5) $V(A \to \forall xB(x)) = 0$

由(4)、(5)可得：

(6) $V(\forall xB(x)) = 0$

由(6)可得：

(7) 存在$m \in M$，使得$V(u/m)(B(u)) = 0$（取u不在A中出现）

因为u不在A中出现，根据定理 7.3.3 可知$V(u/m)(A) = V(A)$，由(4)、(7)可得：

(8) $V(u/m)(A) = 1$

由(7)、(8)依次可得：

(9) 存在$m \in M$，使得$V(u/m)(A \to B(u)) = 0$

(10) 存在$m \in M$，使得$V(u/m)(A \to (A \to B(u))) = 0$

因为x不在A中出现，由(10)可得：

(11) $V(\forall x(A \to (A \to B(x)))) = 0$

(2)和(11)矛盾。假设不成立。

所以，形如$\forall x(A \to (A \to B(x))) \to (A \to (A \to \forall xB(x)))$（$x$不在$A$中出现）的公式是有效的。

[14] 假设$\forall xA(x) \to A(t)$不是有效的，则存在赋值$V = <\mathfrak{M}, \sigma>$，使得

(1) $V(\forall xA(x) \to A(t)) = 0$

根据赋值定义有：

(2) $V(\forall xA(x)) = 1$

(3) $V(A(t)) = 0$

由(3)根据赋值定义可得：

(4) $V(t) \notin A^{\mathfrak{M}}$

根据定理 7.3.1 有$V(t) \in M$，因为$V(u/V(t))(u) = V(t)$，由(4)可得

$V(u/V(t))(u) \notin A^{\mathfrak{M}}$，所以有

(5)　存在$V(t) \in M$,使得$V(u/V(t))(A(u)) = 0$

由(5)根据赋值定义可得：

(6)　$V(\forall x A(x)) = 0$

(2)和(6)矛盾。假设不成立。

所以，形如$\forall x A(x) \to A(t)$的公式是有效的。

定义 7.3.9 设$A \in Form(L^{FO})$，$\Sigma \subseteq Form(L^{FO})$。$A$是$\Sigma$的语义后承，记作

$$\Sigma \models A,$$

当且仅当对于任何赋值V，$V(\Sigma) = 1$蕴涵$V(A) = 1$。

显然，如果$\varnothing \models A$，当且仅当A是有效式。

定理 7.3.6 $A(u) \not\models \forall x A(x)$。

证明：

令赋值$V = <\mathfrak{M}, \sigma>$，其中$M = \{1, 2\}$，$A^{\mathfrak{M}} = \{2\}$，$\sigma(u) = 2$，… 。则有

$$V(u) = \sigma(u) = 2 \in A^{\mathfrak{M}} \Rightarrow V(A(u)) = 1,$$

存在$1 \in M$，使得$V(u/1)(A(u)) = 0 \Rightarrow V(\forall x(A(x))) = 0$。

所以，$A(u) \not\models \forall x A(x)$。

定理 7.3.7

[1] 如果$\models A$，并且$\models A \to B$，那么$\models B$；

[2] 如果$\models A(u)$，那么$\models \forall x A(x)$。

证明：

[1] 与命题逻辑中相同。

[2] 假设$\models A(u)$，那么$A(u)$是有效的，即对于任何赋值V都有$V(A(u)) = 1$。

因此对于任一$m \in M$，都有$V(u/m)(A(u)) = 1$，根据语义定义可得$V(\forall x A(x)) = 1$，由V的任意性可得，$\forall x A(x)$是有效的，所以$\models \forall x A(x)$。

7.4 系统的元理论

定理 7.4.1（**可靠性定理**） 设$\Sigma \subseteq Form(L^{FO})$，$A \in Form(L^{FO})$。

[1] 如果$\vdash A$，那么$\models A$；

[2] 如果$\Sigma \vdash A$，那么$\Sigma \models A$。

证明：

[1] 只需要证明公理都是有效式、分离规则和概括规则保持有效性即可。而这些已经在定理 7.3.5、定理 7.3.7 中得到了证明。

[2] 施归纳于$\Sigma \vdash A$推演的长度n。假设A_1，…，A_{n-1}，A是Σ到A的推演序列。

归纳基始。

$n=1$。那么此时A或者是公理、或者属于Σ。如果A是公理，那么根据定理 7.3.5 知道A是有效式，所以有$\Sigma \models A$；如果A属于Σ，那么根据语义定义也显然有$\Sigma \models A$。

归纳步骤。

假设$n \leq k$时，命题成立。当$n=k+1$时，那么A或者是公理、或者属于Σ、或者由A_i和$A_j(=A_i \to A)$ $(i, j \leq k)$经使用分离规则而得到、或者A $(=\forall xA(x))$由在先的一个定理$A_i(A_i=A(u))$ $(i \leq k)$经使用概括规则而得到。

如果A是公理、或者属于Σ，则由上述证明有$\Sigma \models A$。

如果A由A_i、$A_j(=A_i \to A)$ $(i, j \leq k)$经使用分离规则而得到，那么因为$i, j \leq k$，根据归纳假设有$\Sigma \models A_i$并且$\Sigma \models A_j$，那么根据定理 7.3.7[1]可得$\Sigma \models A$。

如果A $(=\forall xA(x))$由在先的一个定理$A_i(A_i=A(u))$ $(i \leq k)$经使用概括规则而得到，那么因为A_i是定理，所以根据[1]有$\models A(u)$，所以根据定理 7.3.7[2]可得$\models \forall xA(x)$，因此有$\Sigma \models A$。

下面我们证明知识蕴涵谓词逻辑的完全性。

定义 7.4.1 知识蕴涵谓词逻辑的一阶语言L^{FO+}是在知识蕴涵谓词逻辑的一阶语言L^{FO}中增加一列新的自由变元符号：

$$u'_1、u'_2、\cdots,$$

而构成。

我们用u'、v'、w'表示任意的新自由变元符号。

定义 7.4.2 设$\Sigma \subseteq Form(L^{FO+})$。称$\Sigma$有存在性质，当且仅当对于任何存在公式$\exists xA(x)$，如果$\exists xA(x) \in \Sigma$，则存在$u'$，使得$A(u') \in \Sigma$。

协调集、极大协调集的定义方式与第三章相同。因此定理 3.3.6 和定理 3.3.7 在此仍然成立，我们在下文中将直接使用。

定理 7.4.2 设Σ是极大协调集，A、$B \in Form(L^{FO})$，

[1] $\neg A \in \Sigma$当且仅当$A \notin \Sigma$；

[2] $A \wedge B \in \Sigma$当且仅当$A \in \Sigma$并且$B \in \Sigma$；

[3] 如果$A \in \Sigma$并且$B \in \Sigma$，那么$A \to B \in \Sigma$；

[4] 如果$A \in \Sigma$并且$B \notin \Sigma$，那么$A \to B \notin \Sigma$；

[5] 如果$A \notin \Sigma$，$B \in \Sigma$，并且A和B相关，那么$A \to B \in \Sigma$；

[6] 如果$A \notin \Sigma$并且$B \notin \Sigma$，那么$A \to B \in \Sigma$；

[7] 如果$A \notin \Sigma$，$B \in \Sigma$，并且A和B不相关，那么$A \to B \notin \Sigma$。

证明：其他证明与第三章中相同，此处不再重复。在此只证明[7]。

[7] 如果$A \notin \Sigma$，$B \in \Sigma$并且A和B不相关，那么根据本定理[1]有$\neg A \in \Sigma$，$B \in \Sigma$，进而有：$\Sigma \vdash \neg A$，$\Sigma \vdash B$，而根据公理 5 可知：$\Sigma \vdash B \to (\neg A \to \neg(A \to B))$（其中$A$和$B$不相关），两次分离可得：$\Sigma \vdash \neg(A \to B)$。根据定理 3.3.7 可得：$\neg(A \to B) \in \Sigma$，再由本定理[1]可得：$A \to B \notin \Sigma$。

定理 7.4.3 设$\Sigma \subseteq Form(L^{FO})$，并且$\Sigma$是协调集，则$\Sigma$能扩充为极大协调集$\Sigma^* \subseteq Form(L^{FO+})$，并且$\Sigma^*$有存在性质。

证明：

因为$Form(L^{FO+})$是可数集，所以由所有存在公式构成的它的子集也是可数集。令

[1] $\exists x A_1(x)$、$\exists x A_2(x)$、$\exists x A_3(x)$、……

是这个子集中所有元素的任一排列。

定义$\Sigma_n \subseteq Form(L^{FO+})$的无限序列如下：

$$\Sigma_0、\Sigma_1、\Sigma_2、\Sigma_3、\cdots\cdots$$

令$\Sigma_0 = \Sigma$。

取[1]中的第一个存在公式$\exists x A_1(x)$。因为$\exists x A_1(x)$的长度是有限的，因此我们总能找到某个u'，使得u'不在$\exists x A_1(x)$中出现。因为$\Sigma_0 = \Sigma \subseteq Form(L^{FO})$，所以$u'$也不在$\Sigma_0$中出现。令

$$\Sigma_1 = \Sigma_0 \bigcup \{\exists x A_1(x) \to A_1(u')\}$$

假设已经定义出Σ_0，Σ_1，…，Σ_n。取[1]中的存在公式$\exists x A_{n+1}(x)$。因为u'_1、u'_2、…，是无限集，并且在每个$\Sigma_i (1 \le i \le n)$中出现在$\exists x A_i(x)$中的新自由变元以及在$A_i(w')$中用去的新自由变元都是有限的，

所以，我们总能找到某个v'，使得v' 不在$\exists xA_{n+1}(x)$中也不在Σ_n中出现。令

$$\Sigma_{n+1}=\Sigma_n\bigcup\{\exists xA_{n+1}(x)\to A_{n+1}(v')\}$$

显然，

[2] 对于任一$n(n\in\omega)$，$\Sigma_n\subseteq\Sigma_{n+1}$；

[3] 对于任一$n(n\in\omega)$，Σ_n是协调的。

[3]可以通过如下的归纳证明。

归纳基始：Σ_0是协调的。

归纳步骤。

假设Σ_n是协调的。如果Σ_{n+1}不是协调的，那么根据定理 3.3.6[1]有

$$\Sigma_n\vdash\neg(\exists xA_{n+1}(x)\to A_{n+1}(v'))$$
$$\Sigma_n\vdash\exists xA_{n+1}(x)\wedge\neg A_{n+1}(v')$$
$$\Sigma_n\vdash\forall y(\exists xA_{n+1}(x)\wedge\neg A_{n+1}(y))$$
$$\Sigma_n\vdash\forall y(\exists xA_{n+1}(x)\wedge\neg A_{n+1}(y))\to(\exists xA_{n+1}(x)\wedge\forall y\neg A_{n+1}(y))$$
$$\Sigma_n\vdash\exists xA_{n+1}(x)\wedge\forall y\neg A_{n+1}(y)$$
$$\Sigma_n\vdash\exists xA_{n+1}(x)\wedge\forall x\neg A_{n+1}(x)$$
$$\Sigma_n\vdash\exists xA_{n+1}(x)\wedge\neg\exists xA_{n+1}(x)$$

这与归纳假设Σ_n是协调的相矛盾。因此Σ_{n+1}是协调的。

令$\Sigma'=\bigcup\limits_{n\in\omega}\Sigma_n$，则$\Sigma'$是协调的。假设$\Sigma'$不是协调的。那么存在公式$B$，使得$\Sigma'\vdash B$，并且$\Sigma'\vdash\neg B$。根据推演定义可知，存在$\Sigma'$中的有限个公式$B_1$，…，$B_k$，$B_{k+1}$，…，$B_{k+l}$，使得

$$B_1，\ldots，B_k\vdash B，$$
$$B_{k+1}，\ldots，B_{k+l}\vdash\neg B。$$

所以，$\{B_1,\cdots,B_k,\cdots,B_{k+l}\}$是不协调的。设$B_i\in\Sigma_{m_i}$ $(1\le i\le k+l, m_i\in\omega)$，令$m=max(m_1,\cdots,m_k,\cdots,m_{k+l})$。由[2]可得，$\{B_1,\cdots,B_k,\cdots,B_{k+l}\}\subseteq\Sigma_m$，因此$\Sigma_m$是不协调的。这与[3]矛盾。所以，$\Sigma'$是协调的。

由定理 3.3.10 可知，Σ'能扩充为极大协调集$\Sigma^*\subseteq Form(L^{FO+})$。

最后证明Σ^*具有存在性质。

对于$Form(L^{FO+})$中的任何存在公式$\exists xA(x)\in\Sigma^*$，设$\exists xA(x)$在序列[1]中为$\exists xA_k(x)$，因此存在u'，

$$\exists xA_k(x)\to A_k(u')\in\Sigma_k$$

所以有

$\exists x A_k(x) \to A_k(u') \in \Sigma^*$

$\Sigma^* \vdash \exists x A_k(x) \to A_k(u')$

$\Sigma^* \vdash \exists x A_k(x)$

$\Sigma^* \vdash A_k(u')$

$A_k(u') \in \Sigma^*$

因此，Σ^* 具有存在性质。

定义 7.4.3 由 Σ^* 产生的赋值 $V^* = < \mathfrak{M}^*, \sigma^* >$ 是这样构成的：

[1] $M^* = \{t^* \mid t \in Term(L^{FO+})\}$；

[2] 对于任一个体常元 a，$V^*(a) = a^* \in M^*$；

对于任一自由变元 u，$\sigma^*(u) = u^* \in M^*$；

对于任一自由变元 u'，$\sigma^*(u') = u'^* \in M^*$；

[3] 对于任一 m 元函数符号 f 和任何项 t_1^*，…，$t_m^* \in M^*$，

$f^{\mathfrak{M}^*}(t_1^*, \cdots, t_m^*) = f(t_1, \cdots, t_m)^* \in M^*$。

[4] 对于任一 n 元关系符号 R 和任何项 t_1^*，…，$t_n^* \in M^*$，

$< t_1^*, \cdots, t_n^* > \in R^{\mathfrak{M}^*} \Leftrightarrow R(t_1, \cdots, t_n) \in \Sigma^*$。

定理 7.4.4 对于任何项 $t \in Term(L^{FO+})$，$V^*(t) = t^* \in M^*$。

定理 7.4.5 对于任何公式 $A \in Form(L^{FO+})$，$V^*(A) = 1$ 当且仅当 $A \in \Sigma^*$。

证明：

施归纳于公式 A 的结构。

归纳基始。

当 A 是原子公式 $R(t_1, \cdots, t_n)$ 时，

$V^*(A) = 1$

$\Leftrightarrow V^*(R(t_1, \cdots, t_n)) = 1$

$\Leftrightarrow < t_1^*, \cdots, t_n^* > \in R^{\mathfrak{M}^*}$

$\Leftrightarrow R(t_1, \cdots, t_n) \in \Sigma^*$

$\Leftrightarrow A \in \Sigma^*$

归纳步骤。

[1] $A = \neg B$。则有

$V^*(A) = 1$

$\Leftrightarrow V^*(\neg B)=1$

$\Leftrightarrow V^*(B)=0$（赋值定义）

$\Leftrightarrow B\notin\Sigma^*$（归纳假设）

$\Leftrightarrow \neg B\in\Sigma^*$（定理 7.4.2[1]）

$\Leftrightarrow A\in\Sigma^*$

[2] $A=B\to C$。

当$V^*(A)=1$：

如果$V^*(B)=V^*(C)$，那么根据归纳假设有，$B\in\Sigma^*$当且仅当$C\in\Sigma^*$，那么根据公理 2 和公理 3 均可得到：$\Sigma^*\vdash B\to C$。根据定理 3.3.7 可得：$(B\to C)\in\Sigma^*$，即$A\in\Sigma^*$。

如果$V^*(B)=0$，$V^*(C)=1$，且B和C相关，那么根据归纳假设有，$B\notin\Sigma^*$，$C\in\Sigma^*$，且B和C相关，进一步有：$\neg B\in\Sigma^*$，$C\in\Sigma^*$，且B和C相关。那么根据公理 4 可得到：$\Sigma^*\vdash B\to C$。根据定理 3.3.7 可得：$(B\to C)\in\Sigma^*$，即$A\in\Sigma^*$。

当$V^*(A)=0$：

如果$V^*(B)=1$，$V^*(C)=0$，那么根据归纳假设有，$B\in\Sigma^*$，$C\notin\Sigma^*$，进一步有$B\in\Sigma^*$，$\neg C\in\Sigma^*$。由此可得：$\Sigma^*\vdash\neg(B\to C)$。根据定理 3.3.7 可得：$\neg(B\to C)\in\Sigma^*$，根据定理 7.4.2[1]可得$(B\to C)\notin\Sigma^*$，即$A\notin\Sigma^*$。

如果$V^*(B)=0$，$V^*(C)=1$，且B和C不相关，那么根据归纳假设有，$B\notin\Sigma^*$，$C\in\Sigma^*$，且B和C不相关，进一步有：$\neg B\in\Sigma^*$，$C\in\Sigma^*$，且B和C不相关。那么根据公理 5 可得到：$\Sigma^*\vdash\neg(B\to C)$。根据定理 3.3.7 可得：$\neg(B\to C)\in\Sigma^*$，根据定理 7.4.2[1]可得$(B\to C)\notin\Sigma^*$，即$A\notin\Sigma^*$。

[3] $A=\forall xB(x)$。则有

$V^*(A)=1$

$\Leftrightarrow V^*(\forall xB(x))=1$

$\Leftrightarrow V^*(\neg\exists x\neg B(x))=1$

$\Leftrightarrow V^*(\exists x\neg B(x))=0$

$\Rightarrow$ 对于任何u'，都有$V^*(\neg B(u'))=0$ （因为$\neg B(u'\vDash\exists x\neg B(x)$）

$\Leftrightarrow$对于任何u'，都有$V^*(B(u'))=1$

$\Leftrightarrow$ 对于任何 u'，都有 $B(u') \in \Sigma^*$ (归纳假设)

$\Leftrightarrow$ 对于任何 u'，都有 $\neg B(u') \notin \Sigma^*$

$\Rightarrow \exists x \neg B(x) \notin \Sigma^*$ (Σ^* 的存在性质)

$\Leftrightarrow \neg\exists x \neg B(x) \in \Sigma^*$ (Σ^* 是极大协调集)

$\Leftrightarrow A \in \Sigma^*$

$A \in \Sigma^*$

$\Leftrightarrow \neg\exists x \neg B(x) \in \Sigma^*$

$\Leftrightarrow \exists x \neg B(x) \notin \Sigma^*$ (Σ^* 是极大协调集)

$\Leftrightarrow \Sigma^* \nvdash \exists x \neg B(x)$

$\Rightarrow$ 对于任何项 t，$\Sigma^* \nvdash \neg B(t)$

$\Leftrightarrow$ 对于任何项 t，$\Sigma^* \vdash B(t)$

$\Leftrightarrow$ 对于任何项 t，$B(t) \in \Sigma^*$

$\Leftrightarrow$ 对于任何项 t，$V^*(B(t)) = 1$ (归纳假设)

$\Leftrightarrow$ 对于任何项 t，$V^*(t) \in B^{\mathfrak{M}^*}$

$\Leftrightarrow$ 对于任何项 t，$V^*(u/V^*(t))(u) \in B^{\mathfrak{M}^*}$

$\Leftrightarrow$ 对于任何项 $t^* \in M^*$，$V^*(u/t^*)(u) \in B^{\mathfrak{M}^*}$

$\Leftrightarrow$ 对于任何项 $t^* \in M^*$，$V^*(u/t^*)(B(u)) = 1$

$\Leftrightarrow V^*(\forall x B(x)) = 1$

$\Leftrightarrow V^*(A) = 1$

定理 7.4.6 设 $\Sigma \subseteq Form(L^{FO})$，$A \in Form(L^{FO})$。

[1] 如果 Σ 是协调的，则 Σ 是可满足的；

[2] 如果 A 是协调的，则 A 是可满足的。

证明：

[1] 如果 Σ 是协调的，那么根据定理 3.3.10，Σ 能扩充为具有存在性质的极大协调集 $\Sigma^* \subseteq Form(L^{FO+})$，根据定理 7.4.5，$\Sigma$ 在赋值 V^* 下是可满足的。

[2] 是[1]的特殊情形。

定理 7.4.7（**完全性定理**） 设 $\Sigma \subseteq Form(L^{FO})$，$A \in Form(L^{FO})$。

[1] 如果 $\Sigma \models A$，那么 $\Sigma \vdash A$；

[2] 如果 $\varnothing \models A$，那么 $\varnothing \vdash A$。

证明：

[1] 如果$\Sigma \nvdash A$，那么$\Sigma \cup \{\neg A\}$是协调的，那么根据定理 7.4.6，$\Sigma \cup \{\neg A\}$是可满足的，所以$\Sigma \nvDash A$。

[2] 是[1]的特殊情形。

本章小结： 在本章我们基于强知识蕴涵关系，将知识蕴涵命题逻辑系统扩充到谓词逻辑，建立了知识蕴涵谓词逻辑系统，证明了系统的可靠性、完全性。至此，一个新的、完整的弗协调逻辑理论建立了起来。

第八章　否定、蕴涵与弗协调逻辑

8.1　$C_n(1\leq n<\omega)$及 C_ω 中的否定

在 da Costa 建立的弗协调逻系统 $C_n(1\leq n<\omega)$及 C_ω 中，其“弗协调否定¬”与经典二值逻辑的“否定¬”是不同的。为了更加清楚地揭示“弗协调否定¬”的特征，我们将其与经典二值逻辑的扩充系统——对当关系逻辑中的“下反对关系算子△”进行比较。因为本项研究只涉及弗协调逻辑系统 $C_n(1\leq n<\omega)$及 C_ω 中的命题逻辑部分，所以在下文中，必要时我们将系统 $C_n(1\leq n<\omega)$及 C_ω 统一简记为 PPL 系统。

8.1.1 对当关系逻辑及其等价系统

对当关系逻辑系统包含如下公理模式和推理规则（这里给出的是一个简化系统，完整的对当关系逻辑系统请见第二章）：

$(Ax1)\quad A\to(B\to A)$

$(Ax2)\quad (A\to(B\to C))\to((A\to B)\to(A\to C))$

$(Ax3)\quad (\neg A\to B)\to((\neg A\to\neg B)\to A)$

$(Ax4)\quad A\to *A$

推理规则（分离规则 MP）：从 A 和 $A\to B$ 可推出 B 。

在该系统中，定义引入如下两个一元连接词：

$\triangle A=_{def} *\neg A$

$\triangledown A=_{def} \neg *A$

我们将该对当关系逻辑系统简记为 POL 系统。

已经证明在 POL 系统中，命题 A 与 $\triangledown A$ 、$\neg A$ 、$*A$ 之间存在如下所

示的对当关系：

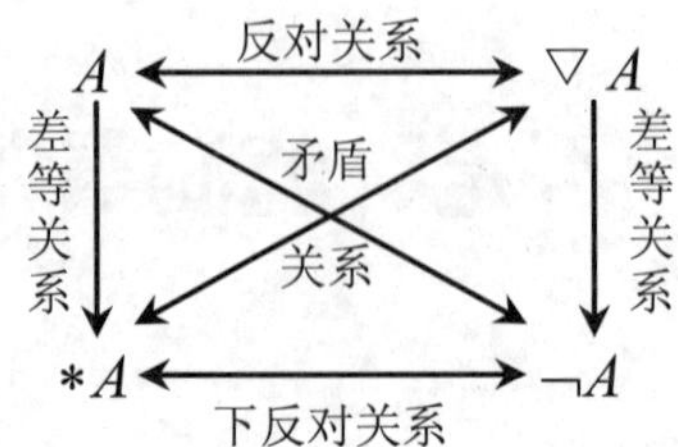

我们在对当关系逻辑系统中，重新定义引入一个一元连接词：

$\blacksquare A =_{def} \neg * \neg A$

对于该定义连接词，有如下定理：

定理 8.1.1 $\vdash_{POL} \blacksquare A \rightarrow A$

证明：

1	$\neg A \rightarrow * \neg A$	$(Ax4)$
2	$(\neg A \rightarrow * \neg A) \rightarrow (\neg * \neg A \rightarrow A)$	POL 定理
3	$\neg * \neg A \rightarrow A$	1、2 MP
4	$\blacksquare A \rightarrow A$	3 ■定义

定理 8.1.2 $\vdash_{POL} \neg A \rightarrow \neg \blacksquare A$

定理 8.1.3 $\vdash_{POL} \blacksquare A \leftrightarrow \neg \triangle A$

定理 8.1.4 $\vdash_{POL} \blacksquare A \rightarrow \neg\neg A$

定理 8.1.5 $\vdash_{POL} A \rightarrow \neg \blacksquare A$

但是，$A \rightarrow \blacksquare A$、$\neg \blacksquare A \rightarrow \neg A$、$\neg\neg A \rightarrow \blacksquare A$ 均不是 POL 系统的定理。由此可见，在 POL 系统中，命题 A 与 $\triangle A$、$\neg A$、$\blacksquare A$ 之间也存在如下所示的对当关系：

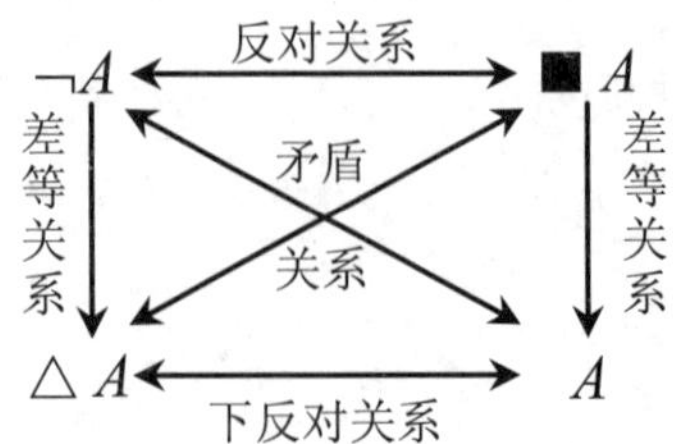

下面我们来建立另一个对当关系逻辑系统。该系统包含如下公理模式和推理规则：

$(Ax1)$　$A \to (B \to A)$

$(Ax2)$　$(A \to (B \to C)) \to ((A \to B) \to (A \to C))$

$(Ax3)$　$(\neg A \to B) \to ((\neg A \to \neg B) \to A)$

$(Ax4')$　$\blacksquare A \to A$

推理规则（分离规则 MP）：从 A 和 $A \to B$ 可推出 B。

在该系统中，定义引入一个一元连接词：

$*A =_{def} \neg \blacksquare \neg A$

我们将该对当关系逻辑系统简记为 POL■系统。

定理 8.1.6 $\vdash_{POL\blacksquare} \blacksquare A \leftrightarrow \neg * \neg A$

定理 8.1.7 $\vdash_{POL\blacksquare} A \to *A$

证明：

1	$\blacksquare \neg A \to \neg A$	$(Ax4')$
2	$(\blacksquare \neg A \to \neg A) \to (A \to \neg \blacksquare \neg A)$	POL■定理
3	$A \to \neg \blacksquare \neg A$	1、2 MP
4	$A \to *A$	3 ＊定义

由定理 8.1.1 和定理 8.1.7 不难证明：

定理 8.1.8 对于任意公式 A，$\vdash_{POL} A$ 当且仅当 $\vdash_{POL\blacksquare} A$。

由此可见，对当关系逻辑 POL 系统与 POL■系统是相互等价的逻辑系统。

8.1.2 含一元连接词“●”的弗协调逻辑 PPL 系统

弗协调命题逻辑系统 $C_n(1 \le n < \omega)$包括如下公理模式和推理规则：

$(Ax1)^{\circ}$　$A \supset (B \supset A)$

$(Ax2)^{\circ}$　$(A \supset B) \supset ((A \supset (B \supset C)) \supset (A \supset C))$

$(Ax3)^{\circ}$　$A \supset (B \supset A \wedge B)$

$(Ax4)^{\circ}$　$A \wedge B \supset A$

$(Ax5)^{\circ}$　$A \wedge B \supset B$

$(Ax6)^{\circ}$　$(A \supset C) \supset ((B \supset C) \supset (A \vee B \supset C))$

$(Ax7)^{\circ}$　$A \supset A \vee B$

$(Ax8)^{\circ}$ $B \supset A \vee B$

$(Ax9)^{\circ}$ $A \vee \neg A$

$(Ax10)^{\circ}$ $\neg\neg A \supset A$

$(Ax11)^{\circ}$ $B^{(n)} \supset ((A \supset B) \supset ((A \supset \neg B) \supset \neg A))$

$(Ax12)^{\circ}$ $A^{(n)} \wedge B^{(n)} \supset (A \wedge B)^{(n)} \wedge (A \vee B)^{(n)} \wedge (A \supset B)^{(n)}$

推理规则（分离规则 MP° ）：从 A 和 $A \supset B$ 可推出 B 。

弗协调命题逻辑系统 C_{ω} 由公理模式 $(Ax1)$—$(Ax10)^{\circ}$ 和分离规则 MP° 构成。

在 PPL 系统中，包含如下定义：

$A^{0} =_{def} \neg(A \wedge \neg A)$；

$A^{k} =_{def} A^{00\cdots0}$ ，这里一共有 k 个 0，k 为正整数；

$A^{(n)} =_{def} (\cdots((A^{1} \wedge A^{2}) \wedge A^{3})\cdots \wedge A^{n})$；

$\sim A =_{def} (\neg A \wedge A^{(n)})$，也记成 $\neg^{(n)} A$ 。

在 PPL 系统中，关于定义连接词～有下述重要定理：

定理 8.2.1 $\vdash_{PPL} (\sim A \supset B) \supset ((\sim A \supset \sim B) \supset A)$

下面，我们在 PPL 系统中定义引入一个新的一元连接词：

$\bullet A =_{def} \sim\neg A$

关于定义连接词●有下述重要定理：

定理 8.2.2 $\vdash_{PPL} \bullet A \supset A$

证明：

1	$\neg A \wedge A^{(n)} \supset \neg A$	$(Ax4)^{\circ}$
2	$\sim A \supset \neg A$	1 ～定义
3	$(\sim A \supset \neg A) \supset (\sim\neg A \supset \sim\sim A)$	PPL 定理
4	$\sim\neg A \supset \sim\sim A$	2、3 MP°
5	$\sim\sim A \supset A$	PPL 定理
6	$\sim\neg A \supset A$	4、5 PPL 定理
7	$\bullet A \supset A$	6 ●定义

8.1.3 PPL 系统中的“¬”与 POL 系统中的“△”之比较

定义 8.3.1 设 A 为任一 POL■系统中的公式，公式 A 在 PPL 系统中的变形 A' 当且仅当由下列规则生成：

[1]若 A 是原子公式，则 $A' = A$；

[2]若 $A = \neg B$，则 $A' = \sim B'$；

[3]若 $A = \blacksquare B$，则 $A' = \bullet B'$；

[4]若 $A = B \to C$，则 $A' = B' \supset C'$。

定理 8.3.1 设 D 为任一 POL■系统中的公式，如果 $\vdash_{POL\blacksquare} D$，则 $\vdash_{PPL} D'$。

证明：

假设 $\vdash_{POL\blacksquare} D$，则在 POL■系统中存在关于 D 的一个证明，施归纳于该证明的长度 n。

归纳基始：当 $n = 1$ 时，则 D 必定是 POL■系统中的公理。

(1) 若 D 为公理 $(Ax1)$，则

$$D' = (A \to (B \to A))' = A' \supset (B' \supset A')$$

此时 D' 为 PPL 系统中的公理 $(Ax1)^{\circ}$，所以有 $\vdash_{PPL} D'$；

(2) 若 D 为公理 $(Ax2)$，则

$$D' = [(A \to (B \to C)) \to ((A \to B) \to (A \to C))]'$$
$$= (A' \supset B') \supset ((A' \supset (B' \supset C')) \supset (A' \supset C'))$$

此时 D' 为 PPL 系统中的公理 $(Ax2)^{\circ}$，所以有 $\vdash_{PPL} D'$；

(3) 若 D 为公理 $(Ax3)$，则

$$D' = [(\neg A \to B) \to ((\neg A \to \neg B) \to A)]'$$
$$= (\sim A' \supset B') \supset ((\sim A' \supset \sim B') \supset A')$$

此时 D' 为 PPL 系统中的定理 8.2.1，所以有 $\vdash_{PPL} D'$；

(4) 若 D 为公理 $(Ax4')$，则

$$D' = (\blacksquare A \to A)' = \bullet A' \supset A'$$

此时 D' 为 PPL 系统中的定理 8.2.2，所以有 $\vdash_{PPL} D'$。

归纳步骤：假设 $n \leq m$ 时，定理成立。则当 $n = m+1$ 时，

(1) 若 D 是 POL■系统中的公理，则证明同归纳基始。

(2) 若 D 是由 POL■系统中的分离规则 MP 得到，则 D 必定由在其前面的两个形如 G 和 $G \to D$ 的公式而得到。而 G 和 $G \to D$ 的证明长度必小于等于 m，根据归纳假设有：

$\vdash_{PPL} G'$ 和 $\vdash_{PPL} G' \supset D'$，由 PPL 系统中的分离规则 MP°，进一步可得：$\vdash_{PPL} D'$。

定理 8.3.2 设 D 为任一 POL 系统中的公式，如果 $\vdash_{POL}\triangle D$，则 $\vdash_{PPL}\neg D'$

证明：

$\vdash_{POL}\triangle D$	$\Leftrightarrow \vdash_{POL}\blacksquare\triangle D$	定理 8.1.8
	$\Leftrightarrow \vdash_{POL}\blacksquare *\neg D$	△定义
	$\Leftrightarrow \vdash_{POL}\blacksquare \neg\neg *\neg D$	POL■定理
	$\Leftrightarrow \vdash_{POL}\blacksquare \neg \blacksquare D$	定理 8.1.6
	$\Rightarrow \vdash_{PPL}\sim \bullet D'$	定理 8.3.1
	$\Leftrightarrow \vdash_{PPL}\sim\sim\neg D'$	●定义
	$\Leftrightarrow \vdash_{PPL}\neg D'$	PPL 定理

由定理 8.3.2 可知，在对当关系逻辑 POL 系统中算子△所具有的性质，在弗协调逻辑 PPL 系统中算子¬也具有相应的性质。而在当关系逻辑 POL 系统中，命题 A 与命题△ A 之间存在通常所说的“下反对关系”，因此，在弗协调逻辑 PPL 系统中命题 A 与命题 $\neg A$ 之间也存在通常所说的“下反对关系”，即弗协调逻辑 PPL 系统中算子¬确实是一种下反对关系算子。另外，因为在当关系逻辑 POL 系统中 $\triangle\triangle A \rightarrow A$ 不是系统的定理，但是在弗协调逻辑 PPL 系统中，$\neg\neg A \supset A$ 是系统的定理，即 $(Ax10)^{\circ}$，由此可见，定理 8.3.2 的逆定理不成立。因此，弗协调逻辑 PPL 系统中算子¬不仅是一般的下反对关系算子，而且是一种特殊的下反对关系算子。

8.2 知识蕴涵与其他蕴涵的关系

8.2.1 不同形式的蕴涵

蕴涵关系是自然语言表达中经常使用的一种表达方式，也是人们在进行判断、推理等思维活动时所依据的极为重要的逻辑关系之一。由于所使用的语词是有限的，而需要表达的语义是多样的，这就造成了在不同的语言中或者同一语言的不同语境中，蕴涵关系所表达的语义极为丰富多彩。为了准确描述蕴涵关系的不同表达，在逻辑上出现了对蕴涵关系各种不同的形式刻画。

下面将以对蕴涵关系的几种主要的形式刻画为例，来比较作者近年提出的知识蕴涵与已有各种蕴涵的异同。为了便于分析，我们先简要地列出几种主要的对于蕴涵关系的形式刻画。

1.实质蕴涵

实质蕴涵是舍弃了蕴涵关系的其他语义联系，仅仅从前后件的真假联系方面来进行描述的一种蕴涵关系。一个实质蕴涵关系“$A \supset B$”是真的，当且仅当其前件“A”是假的或者后件“B”是真的。通常使用如下的真值表来描述：

A	B	$A \supset B$
1	1	1
1	0	0
0	1	1
0	0	1

2.严格蕴涵

美国逻辑学家刘易斯为了避免所谓的“实质蕴涵怪论”，提出了对蕴涵关系的另外一种描述——严格蕴涵。严格蕴涵与实质蕴涵的不同之处在于它除了要求前件“A”与后件“B”之间有真假联系之外，还要求有某种必然联系，即严格蕴涵关系“$A > B$”是真的，当且仅当“A”真而“B”假是不可能的。严格蕴涵通常可以描述为：$A > B =_{def} \neg \Diamond (A \wedge \neg B)$。

3.直觉主义蕴涵

作为独树一帜的数学基础重要流派之一——直觉主义从构造性观点出发，在逻辑上不承认排中律的普遍有效性，这导致了他们对于否定、蕴涵关系等连接词的形式描述也与经典逻辑存在很大的差异。这里我们将直觉主义蕴涵关系记为“$A \Rightarrow B$”。直觉主义逻辑对于蕴涵关系的形式描述为：设$\mathfrak{M} = \langle W, R, V \rangle$是一个直觉主义模型，$t \in W$，$V(A \Rightarrow B, t)=1$ 当且仅当对于任一$t' \in W$，如果Rtt'，则 $V(A, t')=0$ 或者 $V(B, t')=1$；$\mathfrak{M}(A \Rightarrow B)=1$ 当且仅当对于任一 $t \in W$，均有 $V(A \Rightarrow B, t)=1$。

4.相干蕴涵

同样是为了避免所谓的“实质蕴涵怪论”，相干逻辑则选择了完全不同的另外一条路径：坚持演绎推理的相关性，拒斥“结论的推导未实际使用前提”的推理方式。相干逻辑的思想是非常直观的，可是严格的相干蕴涵关系却是非常的抽象。我们将相干蕴涵关系记为“$A\infty B$”。使用关系语义，相干蕴涵关系可形式描述为：设$\mathfrak{M}s$=<O, K, R, *>是一个相干逻辑模型结构，V是一个相干逻辑赋值，$\mathfrak{M}$=<$\mathfrak{M}s$, V>，对于任何结构$a\in K$，$V(A\infty B, a)=1$当且仅当对于任意结构b、$c\in K$，如果$Rabc$，则$V(A, b)=0$或者$V(B, c)=1$；$\mathfrak{M}(A\infty B)=1$当且仅当对于任一$x\in O$，均有$V(A\infty B, x)=1$。

5.知识蕴涵

知识蕴涵是为了解决包含不协调知识系统的推理问题而建立的一种蕴涵关系。其直观思想是基于如下三点：

(1)真知识和真知识之间存在蕴涵关系；

(2)假知识和假知识之间存在蕴涵关系；

(3)如果A和B相关，那么矛盾中蕴涵着相关的真知识。

其基本做法是吸收相干逻辑和弗协调逻辑的基本技术处理方法，以一种比较直观的方式来避免经典逻辑中“矛盾推出一切”的问题。

知识蕴涵的基本语义是：

(1)如果$v(A)=v(B)$，那么$v(A\to B)=1$；

(2)如果$v(A)=1$，$v(B)=0$，那么$v(A\to B)=0$；

(3)如果$v(A)=0$，$v(B)=1$，并且A、B相关，那么$v(A\to B)=1$。

其语义规定的直观思想是：(1)如果前后件都真的，则蕴涵式是真的；(2)认可逆否命题与原题等值，因此，基于(1)则有：如果前后件都是假的，则其相应的蕴涵式也是真的；(3)如果前件是真的，而后件是假的，则蕴涵式是假的；(4)如果前件是假的，后件是真的，并且前后件相关，则蕴涵式是真的；(5)如果前件是假的，后件是真的，但是前后件不相关，则蕴涵式无定义。

8.2.2 蕴涵的种类

根据各种蕴涵的基本语义，可以将它们分为不同的类型。

1.真值蕴涵与非真值蕴涵

对于蕴涵语义的形式化处理，最为简洁的办法是将蕴涵的真值仅仅归结为其前后件的真值联系，对于以这样方法处理的蕴涵关系，称之为真值蕴涵；否则，称之为非真值蕴涵。显然，实质蕴涵“$A\supset B$”属于真值蕴涵。

严格蕴涵“$A>B$”的真值除了考虑前后件之间的真值联系之外，还考虑前后件之间联系的模态关系，即前后件之间的联系是否具有必然性。根据严格蕴涵的定义，基于现代模态逻辑的基本系统K就可以得出：严格蕴涵“$A>B$”等价于“$\Box(A\supset B)$”。根据关系语义，严格蕴涵的基本语义可以描述为：设$\mathfrak{M}=<W, R, V>$是一个模态逻辑模型，$w\in W$，$V(A>B, w)=1$当且仅当对于任一$w'\in W$，如果Rww'，则$V(A\supset B, w')=1$。这就更加清楚地显示了严格蕴涵和实质蕴涵的联系与不同。严格蕴涵“$A>B$”的真值除了和实质蕴涵“$A\supset B$”一样决定于前后件的真值联系之外，还决定于一个描述“必然性”的二元关系R。因此，严格蕴涵“$A>B$”属于非真值蕴涵。

直觉主义蕴涵“$A\Rightarrow B$”的真值和严格蕴涵“$A>B$”一样，除了决定于前后件的真值联系之外，还决定于一个描述“构造性”的二元关系R。因此，直觉主义蕴涵“$A\Rightarrow B$”也属于非真值蕴涵。

相干蕴涵“$A\infty B$”的真值和严格蕴涵“$A>B$”一样，除了决定于前后件的真值联系之外，还决定于一个描述“相干性”的三元关系R。因此，相干蕴涵“$A\infty B$”同样属于非真值蕴涵。

知识蕴涵考虑到了前后件之间的联系，这种联系不依赖于前后件之外的联系，而仅仅依据的是命题前后件之间纯粹形式上的联系。它尽管存在前件假后件真但是前后件不相关的情况下无定义的情形，但是这可以通过类似于自由逻辑中的“超赋值”的技术手段来加以处理。即在该种情形下，让公式中涉及知识蕴涵“$A\to B$”的值分为“真”和“假”两种情况来分别处理。如果在两种情况下都为“真”，则该公式的值为“真”；如果在两种情况下都为“假”，则该公式的值为“假”；如果在两种情况下或为“真”或为“假”，则该公式的值为“无定义”。例如对于对于公式$(\neg p\to\neg q)\to(q\to(q\to p))$、$p\to(q\to p)$和$\neg(q\to(p\to(q\to p)))$，可以分别用如下的类真值表来判定：

p	q	$\neg p$	$\neg q$	$q\to p$	$\neg p\to\neg q$	$q\to(q\to p)$	$(\neg p\to\neg q)\to(q\to(q\to p))$
1	1	0	0	1	1	1	1
1	0	0	1	0	1	1	1
					0	1	1
0	1	1	0	1	0	1	1
				0	0	0	1
0	0	1	1	1	1	1	1

p	q	$q\rightarrow p$	$p\rightarrow(q\rightarrow p)$
1	1	1	1
1	0	1	1
		0	0
0	1	0	1
0	0	1	1

p	q	$q\rightarrow p$	$p\rightarrow(q\rightarrow p)$	$q\rightarrow(p\rightarrow(q\rightarrow p))$	$\neg(q\rightarrow(p\rightarrow(q\rightarrow p)))$
1	1	1	1	1	0
1	0	1	1	1	0
		0	0	1	0
0	1	0	1	1	0
0	0	1	1	1	0

可以看出，在知识蕴涵逻辑中，$(\neg p\rightarrow\neg q)\rightarrow(q\rightarrow(q\rightarrow p))$是有效式，$\neg(q\rightarrow(p\rightarrow(q\rightarrow p)))$是矛盾式，$p\rightarrow(q\rightarrow p)$是仅可满足式。

由类真值表的判定程序可以看出，知识蕴涵“$A\rightarrow B$”和严格蕴涵“$A>B$”、直觉主义蕴涵“$A\Rightarrow B$”以及相干蕴涵“$A\infty B$”不同，它的真值不依赖于前后件之外的其他关系。尽管知识蕴涵“$A\rightarrow B$”的真值判定和实质蕴涵“$A\supset B$”有所不同，但没有本质差异，所以，知识蕴涵“$A\rightarrow B$”属于真值蕴涵。

2.差等关系和非差等关系

关于两个命题之间关系的描述，最为常见的有矛盾关系、反对关系、下反对关系和差等关系。蕴涵关系涉及两个命题之间的关系，那么各种蕴涵关系的前后件之间是什么关系呢？

对于实质蕴涵“$A\supset B$”，由真值表已知，在“$A\supset B$”为真的前提下，如果前件A为真，则后件B必定为真；如果前件A为假，则后件B真假不定；如果后件B为真，则前件A真假不定；如果后件B为假，则前件A必定为假。所以，实质蕴涵“$A\supset B$”前后件之间的关系属于差等关系。

对于严格蕴涵“$A>B$”，根据其语义定义，在“$A>B$”为真的前提下，不能由前件A的真假来推知后件B的真假，也不能由后件B的真假来推知

前件 A 的真假。因此，严格地说，严格蕴涵“$A>B$”不属于上述四种关系中的任何一种。但是在严格蕴涵逻辑系统 S1 及其扩充系统中，由“$\Box(A\supset B)$”可以得出“$A\supset B$”，有了这一条件，在“$A>B$”为真的前提下，如果前件 A 为真，则后件 B 必定为真；如果前件 A 为假，则后件 B 真假不定；如果后件 B 为真，则前件 A 真假不定；如果后件 B 为假，则前件 A 必定为假。所以，在严格蕴涵逻辑系统 S1 及其扩充系统中，严格蕴涵“$A>B$”前后件之间的关系属于差等关系。

对于直觉主义蕴涵“$A\Rightarrow B$”，因为根据直觉主义语义模型，其中描述“构造性”的二元关系 R 满足自反性和传递性，这样由 $V(A\Rightarrow B, t)=1$，可以得出 $V(A\supset B, t)=1$，因此，在“$A\Rightarrow B$”为真的前提下，如果前件 A 为真，则后件 B 必定为真；如果前件 A 为假，则后件 B 真假不定；如果后件 B 为真，则前件 A 真假不定；如果后件 B 为假，则前件 A 必定为假。所以，直觉主义蕴涵“$A\Rightarrow B$”前后件之间的关系属于差等关系。

对于相干蕴涵“$A\infty B$”，由于在不同的相干逻辑系统中，描述“相干性”的三元关系 R 所满足的属性是不同的，因此相干蕴涵“$A\infty B$”前后件的关系在不同的相干逻辑系统中也不相同。在相干逻辑系统 B、DW、TW 等比较弱的系统中，在“$A\infty B$”为真的前提下，不能由前件 A 的真假来推知后件 B 的真假，也不能由后件 B 的真假来推知前件 A 的真假，因此，在这些系统中，相干蕴涵“$A\infty B$”不属于上述四种关系中的任何一种。但是在相干逻辑系统 T 及其扩充系统中，对于任何结构 $x\in K$，三元关系 R 满足 $Rxxx$，因此，对于任何结构 $a\in K$，由 $V(A\infty B, a)=1$，可以得出 $V(A, a)=0$ 或者 $V(B, a)=1$。这样，在“$A\infty B$”为真的前提下，如果前件 A 为真，则后件 B 必定为真；如果前件 A 为假，则后件 B 真假不定；如果后件 B 为真，则前件 A 真假不定；如果后件 B 为假，则前件 A 必定为假。所以，在相干逻辑系统 T 及其扩充系统中，相干蕴涵“$A\infty B$”前后件之间的关系属于差等关系。

以上对于严格蕴涵“$A>B$”、直觉主义蕴涵“$A\Rightarrow B$”和相干蕴涵“$A\infty B$”前后件关系的分析都是基于一个模型的一个可能世界 w、一个时点 t 或者一个结构 x 而言的，即考虑的是 $V(A>B, w)=1$、$V(A\Rightarrow B, t)=1$ 以及 $V(A\infty B, x)=1$ 的情况。如果是基于一个模型而言，即如果考虑的是 $\mathfrak{M}(A>B)=1$、$\mathfrak{M}(A\Rightarrow B)=1$ 或者 $\mathfrak{M}(A\infty B)=1$ 的情况，那么严格蕴涵“$A>B$”（在 R 关系

满足自反性的条件下）、直觉主义蕴涵“$A \Rightarrow B$”和相干蕴涵“$A \infty B$”前后件之间的关系均属于差等关系。

对于知识蕴涵“$A \rightarrow B$”，由基本语义定义可知，在“$A \rightarrow B$”为真的前提下，如果前件 A 为真，则后件 B 必定为真；如果前件 A 为假，则后件 B 真假不定；如果后件 B 为真，则前件 A 真假不定；如果后件 B 为假，则前件 A 必定为假。所以，知识蕴涵“$A \rightarrow B$”前后件之间的关系属于差等关系。

由上可知，在五种蕴涵关系中，实质蕴涵“$A \supset B$”、直觉主义蕴涵“$A \Rightarrow B$”和知识蕴涵“$A \rightarrow B$”在蕴涵关系成立的情况下，其前后件之间均属于差等关系；严格蕴涵“$A > B$”和相干蕴涵“$A \infty B$”在蕴涵关系成立的情况下，其前后件之间均属于有条件的差等关系。

8.2.3 各种蕴涵性质的比较

五种蕴涵关系在各自的公理系统中，其性质通过系统的公理或者定理得到清晰、严格的刻画。下面我们依据不同的公理系统，来分析、比较五种蕴涵关系的逻辑性质。

1.同一律

在各自的逻辑系统中，五种蕴涵关系均遵守同一律，即 $A \supset A$、$A > A$、$A \Rightarrow A$、$A \infty A$、$A \rightarrow A$ 在相应的逻辑系统中都是定理。由此可以说，在相应的逻辑系统中，五种蕴涵关系均具有自反性。

2.传递规则

为了行文简洁，在下文中，使用符号“$\vdash$”表示可推出，使用符号“$\triangleright$”表示上述五种蕴涵关系中的任一个。

在经典命题逻辑系统、严格蕴涵逻辑系统 S1 及其扩充系统、直觉主义逻辑系统、相干逻辑极小系统及其扩充系统中，都有推理规则 $A \triangleright B$、$B \triangleright C \vdash A \triangleright C$，即实质蕴涵“$A \supset B$”、严格蕴涵“$A > B$”、直觉主义“$A \Rightarrow B$”、相干蕴涵“$A \infty B$”均遵守传递规则；在知识蕴涵逻辑系统中，推理规则 $A \rightarrow B$、$B \rightarrow C \vdash A \rightarrow C$ 不成立，即知识蕴涵“$A \rightarrow B$”不遵守传递规则，但是它遵守两个与传递规则类似的推理规则：$A \rightarrow B$、$B \rightarrow C \vdash A \rightarrow A \rightarrow C$ 以及如果 $\vdash A \rightarrow B$、$\vdash B \rightarrow C \vdash$ 那么 $\vdash A \rightarrow C$。

3.归谬律、反证律

在经典命题逻辑系统、严格蕴涵逻辑系统 S1 及其扩充系统中，归谬律$(A \rhd B) \rhd ((A \rhd \neg B) \rhd \neg A)$和反证律$(\neg A \rhd B) \rhd ((\neg A \rhd \neg B) \rhd A)$都成立。在直觉主义逻辑中，归谬律成立，但是反证律不成立。在相干逻辑极小系统以及相干逻辑系统 B、DW、TW 中归谬律、反证律均不成立；在相干逻辑系统 T 及其扩充系统中，归谬律、反证律均成立。在知识蕴涵逻辑系统中，归谬律、反证律均不成立，但是有类似的定理：$(A \to (A \to B)) \to (A \to ((A \to \neg B)) \to \neg A)$、$(\neg A \to (\neg A \to B)) \to (\neg A \to ((\neg A \to \neg B)) \to A)$。

4.四种假言移位

假言移位通常有如下四种形式：

(1)$(A \rhd B) \rhd (\neg B \rhd \neg A)$

(2)$(A \rhd \neg B) \rhd (B \rhd \neg A)$

(3)$(\neg A \rhd B) \rhd (\neg B \rhd A)$

(4)$(\neg A \rhd \neg B) \rhd (B \rhd A)$

在经典命题逻辑系统、严格蕴涵逻辑系统 S1 及其扩充系统中，上述四种假言移位均成立。在直觉主义逻辑系统中，前两个假言移位形式成立，但是后两个假言移位形式不成立。在相干逻辑极小系统以及相干逻辑系统 B 中，上述四种假言移位均不成立；但是在相干逻辑系统 DW 及其扩充系统中，上述四种假言移位均成立。在知识蕴涵逻辑中，上述四种假言移位均不成立，但是有类似的如下定理：

(5) $\vdash (A \to B) \to (\neg B \to (\neg B \to \neg A))$

(6) $\vdash (A \to \neg B) \to (B \to (B \to \neg A))$

(7) $\vdash (\neg A \to B) \to (\neg B \to (\neg B \to A))$

(8) $\vdash (\neg A \to \neg B) \to (B \to (B \to A))$

5.等值置换

等值置换定理是公理系统极为重要的元定理之一，它说的是：设$\vdash C \leftrightarrow D$，$C$ 是公式 A 的子公式，用公式 D 取代 A 中 C 的一次或多次出现而得的公式是 B，则$\vdash A \leftrightarrow B$。在经典命题逻辑系统、严格蕴涵逻辑系统 S1 及其扩充系统、直觉主义逻辑系统、相干逻辑极小系统及其扩充系统中，等值置换定理均成立，但是在知识蕴涵逻辑系统中，等值置换定理不成立。

6.关于蕴涵怪论

在经典逻辑中，有各种所谓的“蕴涵怪论”，最典型的有如下一些公式：

(1)$A \triangleright (B \triangleright A)$

(2)$\neg A \triangleright (A \triangleright B)$

(3)$A \triangleright (B \vee \neg B)$

(4)$(A \wedge \neg A) \triangleright B$

(5)$(A \triangleright B) \vee (B \triangleright A)$

(6)$((A \wedge B) \triangleright C) \triangleright ((A \triangleright C) \vee (B \triangleright C))$

(7)$(A \triangleright (B \vee C)) \triangleright ((A \triangleright B) \vee (A \triangleright C))$

这些公式的意思是：(1)真命题被任何命题所蕴涵；(2)假命题蕴涵任何命题；(3)排中律被任何命题所蕴涵；(4)矛盾命题蕴涵任何命题；(5)任何两个命题之间至少存在一个蕴涵关系；(6)任何两个命题的合取如果蕴涵第三个命题，那么这两个命题中至少有一个蕴涵第三个命题；(7)一个命题如果蕴涵“B 或者 C”，那么该命题或者蕴涵 B，或者蕴涵 C。

在经典命题逻辑系统中，上述公式都是定理。在严格蕴涵逻辑系统 S4 中及其扩充系统中，只有上述公式 3、4 是定理，其余均不是定理。在直觉主义逻辑系统中，只有上述公式 3 不是定理，其余六个公式都是定理。在相干逻辑系统 R 中，上述七个公式均不是定理。在知识蕴涵逻辑中，上述七个公式也均不是定理。在此意义上可以说，知识蕴涵在消除“蕴涵怪论”方面能力和相干逻辑相当，而强于其他蕴涵逻辑系统。

综上所述，知识蕴涵是一种能够处理不协调信息系统推理问题的、与上述其他四种蕴涵均不相同的新型蕴涵关系。

本章小结：在本章对弗协调否定、知识蕴涵与其他蕴涵的关系进行了分析，基于经典逻辑的视角进一步澄清了弗协调逻辑的基本性质。

第九章　不协调信息转换

有些看似不协调的信息，经过分析它们的背景信息可以发现，它们实际上是协调的信息；有些确实不协调的信息，经过适当的限制也可以处理成相关的协调的信息。本章我们来讨论不协调信息转换为协调信息的基本策略，并从逻辑上证明这些策略的存在性。

9.1 不协调信息向协调信息的转换

我们先来看一个包含不协调信息的例子：

> 洧水甚大，郑之富人有溺者，人得其死者，富人请赎之，其人求金甚多，以告邓析。邓析曰："安之，人必莫之卖矣。"得死者患之，以告邓析。邓析答之曰："安之，此必无所更买矣。"①

一般可以认为，邓析作为一个被咨询的专家系统至少认可了三对矛盾：买与不买，卖与不卖，或买或卖与既不买也不买。用符号表示就是：$p\wedge\neg p$，$q\wedge\neg q$，$(p\vee q)\wedge(\neg p\wedge\neg q)$。②

但是，如果我们作一些具体分析，上述的不协调信息也可以转换为协调的信息：除得死者之外，无别处可买，富人必须买；得死者无别人可卖，富人可以不买。除富人之外，别无可卖之人，得死者必须卖；富人无别处可买，得死者可以不卖。从最终结果看，或者得死者决定卖，或者富人决定买；从追求当前最大效益的角度看，得死者不会卖，富人也不会买。

---

① 中国逻辑史研究会资料编选组. 中国逻辑史资料选(先秦卷). 兰州：甘肃人民出版社. 1991, p8.

② 参见：张清宇. 弗协调逻辑. 北京：中国社会出版社. 2003, p3(前言).

我们再来看与之类似的另外一个例子：

> 空雒之遇，秦与赵相与约，约曰：“自今以来，秦之所欲为，赵助之；赵之所欲为，秦助之。”居无几何，秦兴兵攻魏，赵欲救之。秦王不悦，使人让赵王曰：“约曰秦之所欲为，赵助之；赵之所欲为，秦助之。今秦欲攻魏，而赵因欲救之，此非约也。”赵王以告平原君，平原君以告公孙龙。公孙龙曰：“亦可以发使而让秦王曰：‘赵欲救之，今秦王独不助赵，此非约也’。”③

合约作为一个信息系统，它至少包含了下述矛盾：秦攻魏，赵应助之（根据“秦之所欲为，赵助之。”），赵不应助之（根据“赵之所欲为，秦助之。”）；赵救魏，秦应助之（根据“赵之所欲为，秦助之。”），秦不应助之（根据“秦之所欲为，赵助之。”）。那么如何将包含不协调信息的合约变为协调的可执行合约，以达到求同存异呢？至少这样做理论上是可行的：在合约中，增加一条：“秦赵利益冲突者除外。”

9.2 转换的基本类型

上述两个例子都可以归结为这样的问题：一个知识系统与需要解决的目标之间不协调。邓析的例子是咨询系统与溺者买卖目标之间的不协调，公孙龙的例子是合约系统与攻魏救魏目标之间的不协调。

这样的问题理论上就是一个知识系统Σ和一个目标问题A之间不协调的问题。下面我们来考虑将Σ和A之间不协调的问题转换为与之相关的协调的问题的基本路径。

首先，我们来排除一些平凡的情况，对于任一命题A，A或者是有效式，或者是矛盾式，或者是仅可满足式（相当于通常的经验命题）。若A是有效式，即A为逻辑真理，则从任何前提集Σ都可以推演出A，所以不作为此处的研究对象；若A是矛盾式，因为我们一般不会将目标就设定为一个矛盾，因此也不作为此处的研究对象。出于类似的考虑，我们将知识集Σ也设定为相容的，但不是有效的。我们要解决的矛盾问题特指的是知识集

③ 中国逻辑史研究会资料编选组. 中国逻辑史资料选(先秦卷). 兰州：甘肃人民出版社. 1991, p104.

Σ与目标A相矛盾的问题，即$\Sigma\cup\{A\}$不协调的问题。

将不协调的$\Sigma\cup\{A\}$转换为一个与之相关的协调的问题，理论上无非有三种路径：

1．改变目标。即将目标A改变为与之相关的目标A'，使得$\Sigma\cup\{A'\}$协调；

2．改变知识集。即将知识集Σ改变为与之相关的知识集Σ'，使得$\Sigma'\cup\{A\}$协调；

3．同时改变目标和知识集。即将目标A改变为与之相关的目标A'，知识集Σ改变为与之相关的知识集Σ'，使得$\Sigma'\cup\{A'\}$协调。

下面我们从逻辑上来严格证明上述三种路径的存在性。并进一步证明，在上述三种路径的基础上，我们均可以得到一个更加理想的结果：$\Sigma'\vdash A'$，即实现知识集到目标问题之间的逻辑推演。

9.3 基本概念

下面我们使用经典命题逻辑工具来展开讨论。

L^P表示经典命题逻辑的一个形式语言，$Form(L^P)$表示由L^P中所有公式构成的集合，$\Sigma\vdash A$表示由公式集Σ形式可推演出公式A。

定义 9.3.1 设$\Sigma\subseteq Form(L^P)$，称$\Sigma$是协调的，当且仅当不存在$C\in Form(L^P)$，使得$\Sigma\vdash C$并且$\Sigma\vdash\neg C$；设$A\in Form(L^P)$，称$A$是协调的，当且仅当不存在$C\in Form(L^P)$，使得$A\vdash C$并且$A\vdash\neg C$。若$\Sigma$（或$A$）是协调的，则也称$\Sigma$（或$A$）是相容的。

定理 9.3.1 设$\Sigma\subseteq Form(L^P)$，$A\in Form(L^P)$。$\Sigma\cup\{A\}$不相容，当且仅当$\Sigma\vdash\neg A$。

证明：$\Sigma\cup\{A\}$不相容$\Leftrightarrow$存在$C\in Form(L^P)$，$\Sigma\cup\{A\}\vdash C$并且$\Sigma\cup\{A\}\vdash\neg C$

$\Leftrightarrow$存在$C\in Form(L^P)$，$\Sigma\cup\{A\}\vdash C\wedge\neg C$

$\Leftrightarrow$存在$C\in Form(L^P)$，$\Sigma\vdash A\to C\wedge\neg C$

$\Leftrightarrow$存在$C\in Form(L^P)$，$\Sigma\vdash\neg A\vee(C\wedge\neg C)$

$\Leftrightarrow\Sigma\vdash\neg A$.

$\Sigma\cup\{A\}$不相容，也称Σ与A不相容或Σ与A不协调。

定义 9.3.2 称T为一个变换，当且仅当T是一个由$Form(L^P)$到$Form(L^P)$的一一映射。

定理 9.3.2 设T_1、T_2为一个变换。则$T_1(T_2)$也是一个变换。

即变换的变换也是变换，变换具有传导性。

定义 9.3.3 设T为一个变换，$\Sigma \subseteq Form(L^P)$，$A \in Form(L^P)$。若$\Sigma$与$A$不相容，但$T(\Sigma)$与$T(A)$相容，则称$T$为一个$\Sigma \vdash A$的可容变换。

定理 9.3.3 若T为一个$\Sigma \vdash A$的可容变换，则$\Sigma \vdash \neg A$，但$T(\Sigma) \nvdash \neg T(A)$。

定义 9.3.4 若T为一个变换，且

[1] T是一个$\Sigma \vdash A$的可容变换；

[2] $T(\Sigma) \vdash T(A)$。

则称T是一个$\Sigma \vdash A$的解悖变换。

定义 9.3.5 若A与$\neg A$都协调，则称A为事实命题或经验命题。

显然，若A为经验命题，则$\nvdash A$且$\nvdash \neg A$。

定义 9.3.6 设$B \in Form(L^P)$，若T是一个满足下述条件的变换：对于任一$A_i \in \Sigma(A_i \neq A)$，$T(A_i) = B \vee A_i$，$T(A) = A$，则称$T$是$\Sigma \cup \{A\}$的一个$B$增加型变换，简称增加变换。

定理 9.3.4 若T'、T是一个增加变换，则$T'(T)$也是一个增加变换。

定义 9.3.7 设$B \in Form(L^P)$，若T是一个满足下述条件的变换：对于任一$A_i \in \Sigma(A_i \neq A)$，$T(A_i) = B \to A_i$，$T(A) = A$，则称$T$是$\Sigma \cup \{A\}$的一个$B$蕴涵型变换，简称蕴涵变换。

定理 9.3.5 若T'、T是一个蕴涵变换，则$T'(T)$也是一个蕴涵变换。

证明：因为，对于任一$A_i \in \Sigma(A_i \neq A)$，$T'(T(A_i)) = T'(B \to A_i) = B' \to (B \to A_i) = B' \wedge B \to A_i$，$T'(T(A)) = T'(A) = A$，所以$T'(T)$也是一个蕴涵变换。

定义 9.3.8 设$A_0 \in Form(L^P)$，若T是一个满足下述条件的变换：对于任一$A_i \in \Sigma(A_i \neq A)$，$T(A_i) = A_i$，$T(A) = A \vee A_0$，则称$T$是$\Sigma \cup \{A\}$的一个$A_0$删减型变换，简称删减变换(之所以称为删减型变换，是因为$A = (A \vee A_0) \wedge (A \vee \neg A_0)$)。

定理 9.3.6 若T'、T是一个删减变换，则$T'(T)$也是一个删减变换。

9.4 可容变换存在性证明

定理 9.4.1 设 A 是一个经验命题，Σ 是相容但不有效的命题集，若 Σ 与 A 不相容，则存在增加变换 T，T 为一个 $\Sigma \vdash A$ 的可容变换。

证明：设对于任一增加变换 T，均有 $T(\Sigma)$ 与 $T(A)$ 不相容，即有 $T(\Sigma) \vdash \neg T(A)$，即 $T(\Sigma) \vdash \neg A$，则存在一个 $T(\Sigma)$ 的有限子集 $T(\Sigma')$，$T(\Sigma') \vdash \neg A$。

令 $T(\Sigma') = \{T(A_1), T(A_2), \cdots, T(A_n)\}$，则

$$T(A_1), T(A_2), \cdots, T(A_n) \vdash \neg A \quad .$$

设 T 是 $\Sigma \cup \{A\}$ 的一个 B 增加型变换，因为 Σ 相容但 Σ 与 A 不相容，所以对于任一 $A_i \in \Sigma$，都有 $A_i \neq A$，故有：

$$B \vee A_1, B \vee A_2, \cdots, B \vee A_n \vdash \neg A.$$

因而有：

$$B \vee A_1, B \vee A_2, \cdots, B \vee A_{n-1} \vdash B \vee A_n \to \neg A$$

……

$$\vdash B \vee A_1 \to (B \vee A_2 \to (\cdots \to (B \vee A_n \to \neg A)\cdots))$$

$$\vdash (B \vee A_1) \wedge (B \vee A_2) \wedge \cdots \wedge (B \vee A_n) \to \neg A$$

$$\vdash B \vee (A_1 \wedge A_2 \wedge \cdots \wedge A_n) \to \neg A$$

令 T' 是 $\Sigma \cup \{A\}$ 的一个 $\neg(B \vee (A_1 \wedge A_2 \wedge \cdots \wedge A_n))$ 增加型变换，根据定理 9.3.4 可知 $T'(T)$ 也是一个增加型变换。根据上述证明类似地可得：

$$\vdash \neg(B \vee (A_1 \wedge A_2 \wedge \cdots \wedge A_n)) \vee (B \vee (A_1 \wedge A_2 \wedge \cdots \wedge A_n)) \to \neg A$$

因而有：

$$\vdash \neg A$$

这与 A 是经验命题相矛盾，因而假设不成立。

所以，至少存在一个增加变换 T，T 为一个 $\Sigma \vdash A$ 的可容变换。

定理 9.4.2　设 A 是一个经验命题，Σ 是相容但不有效的命题集，若 Σ 与 A 不相容，则存在 Σ 的一个蕴涵变换 T，且 T 为一个 $\Sigma \vdash A$ 的可容变换。

证明：与定理 9.4.1 类似，从略。

定理 9.4.3　设 A 是一个经验命题，Σ 是相容但不有效的命题集，若 Σ 与 A 不相容，则存在 $\Sigma \cup \{A\}$ 的一个删减变换 T，且 T 为一个 $\Sigma \vdash A$ 的可

容变换。

证明：因为Σ是一个相容命题集并且Σ与A不相容，所以对于任一$A_i \in \Sigma$，都有$A_i \neq A$。因而$T(\Sigma)=\Sigma$。

设对于任一删减变换T，均有$T(\Sigma)$与$T(A)$不相容，即有$T(\Sigma) \vdash \neg T(A)$，即$\Sigma \vdash \neg T(A)$，则存在一个$\Sigma$的有限子集$\Sigma'$，$\Sigma' \vdash \neg T(A)$。

令$\Sigma' = \{A_1, A_2, \cdots, A_n\}$，则

$$A_1, A_2, \cdots, A_n \vdash \neg T(A)$$

设T是$\Sigma \cup \{A\}$的一个A_0删减型变换，故有：

$$A_1, A_2, \cdots, A_n \vdash \neg(A \vee A_0).$$

因而有：

$$A_1, A_2, \cdots, A_{n-1} \vdash A_n \to \neg(A \vee A_0)$$

……

$$\vdash A_1 \to (A_2 \to (\cdots \to (A_n \to \neg(A \vee A_0))\cdots))$$

$$\vdash A_1 \wedge A_2 \wedge \cdots \wedge A_n \to \neg(A \vee A_0)$$

$$\vdash A_1 \wedge A_2 \wedge \cdots \wedge A_n \to \neg A \wedge \neg A_0$$

令T'是$\Sigma \cup \{A\}$的一个$\neg A \wedge \neg A_0$删减型变换，根据定理 9.3.6 可知$T'(T)$也是一个删减型变换。根据上述证明类似地可得：

$$\vdash A_1 \wedge A_2 \wedge \cdots \wedge A_n \to (\neg A \wedge \neg A_0) \wedge \neg(\neg A \wedge \neg A_0)$$

因而有：

$$\vdash \neg(A_1 \wedge A_2 \wedge \cdots \wedge A_n)$$

由此可得，Σ的有限子集Σ'是不相容的，进而有Σ是不相容的。

这与Σ是一个相容命题集相矛盾，因而假设不成立。

所以，至少存在$\Sigma \cup \{A\}$的一个删减变换T，且T为一个$\Sigma \vdash A$的可容变换。

9.5 解悖变换的存在性

定理 9.5.1 设A是一个经验命题，Σ是相容但不有效的命题集，Σ与A不相容，T是$\Sigma \cup \{A\}$的一个增加变换，若T为一个$\Sigma \vdash A$的可容变换，则存在一个变换T'，使得$T'(T)$是一个$\Sigma \vdash A$的解悖变换。

证明：假设$\Sigma=\{A_1, A_2, \cdots, A_n, \cdots\}$。因为$\Sigma$是相容但不有效的命题集，所以至少存在一个经验命题$A_m\in\Sigma$，而$A_m=(A_m\vee A_n)\wedge(A_m\vee\neg A_n)$，所以$\Sigma$总可以等价地表示为$\Sigma=\{A_1, A_2, \cdots, A_n, \cdots\}$。

因为Σ相容并且Σ与A不相容，所以有：对于任一$A_i\in\Sigma$，都有$A_i\neq A$。假设对于任一$A_i\in\Sigma$，$T(A_i)=B\vee A_i$，$T(A)=A$。

令T'是满足下述条件的一个变换：对于任一$B\vee A_i\in T(\Sigma)$，$T'(B\vee A_1)=B\vee A_2\to A$，$T'(B\vee A_i)=B\vee A_i(i\neq 1)$，$T'(A)=A$。那么：

$T'(T(\Sigma))=\{B\vee A_2\to A, B\vee A_2, B\vee A_3, \cdots, B\vee A_n, \cdots\}$

因而有：

$T'(T(\Sigma))\vdash B\vee A_2\to A$

$T'(T(\Sigma))\vdash B\vee A_2$

$T'(T(\Sigma))\vdash A$

即有：

[1]$T'(T(\Sigma))\vdash T'(T(A))$

下面证明：

[2]$T'(T(\Sigma))\nvdash\neg T'(T(A)$

假设$T'(T(\Sigma))\vdash\neg T'(T(A))$，则有：

$B\vee A_2\to A, B\vee A_2, B\vee A_3, \cdots, B\vee A_n, \cdots\vdash\neg A$

$B\vee A_2, B\vee A_3, \cdots, B\vee A_n, \cdots\vdash(B\vee A_2\to A)\to\neg A$

$B\vee A_1, B\vee A_2, B\vee A_3, \cdots, B\vee A_n, \cdots\vdash(B\vee A_2\to A)\to\neg A$

$T(\Sigma)\vdash(B\vee A_2\to A)\to\neg A$

$T(\Sigma)\vdash A\to\neg A$

$T(\Sigma)\vdash\neg A$

因为T为一个$\Sigma\vdash A$的可容变换，根据定理 9.2.3 有：$T(\Sigma)\nvdash\neg T(A)$，即$T(\Sigma)\nvdash\neg A$，由此得出矛盾。所以假设不成立。即有：

[2]$T'(T(\Sigma))\nvdash\neg T'(T(A)$

由Σ与A不相容以及[2]$T'(T(\Sigma))\nvdash\neg T'(T(A)$可得：$T'(T)$是一个$\Sigma\vdash A$的可容变换。再结合[1]$T'(T(\Sigma))\vdash T'(T(A))$可得：$T'(T)$是一个$\Sigma\vdash A$的解悖变换。

类似可证：

定理9.5.2 设A是一个经验命题，Σ是相容但不有效的命题集，Σ与A不相容，T是$\Sigma\bigcup\{A\}$的一个蕴涵变换，若T为一个$\Sigma\vdash A$的可容变换，则存在一个变换T'，使得$T'(T)$是一个$\Sigma\vdash A$的解悖变换。

定理9.5.3 设A是一个经验命题，Σ是相容但不有效的命题集，Σ与A不相容，T是$\Sigma\bigcup\{A\}$的一个删减变换，若T为一个$\Sigma\vdash A$的可容变换，则存在一个变换T'，使得$T'(T)$是一个$\Sigma\vdash A$的解悖变换。

结合定理9.4.1、定理9.4.2、定理9.4.3的增加型可容变换、蕴涵型可容变换、删减型可容变换的存在性证明，定理9.5.1、定理9.5.2、定理9.5.3的证明实际上给出了解决不相容问题$\Sigma\bigcup\{A\}$的三种解悖变换。

不相容问题的解决，有三种思路：[1]目标不变，通过条件的变换使矛盾化解；[2] 条件不变，通过对目标的变换使矛盾化解；[3]目标和条件同时改变，使矛盾化解。定理 9.4.1、定理 9.4.2 是化解矛盾的第一种思路，定理 9.4.3 是化解矛盾的第二种思路，由这两种化解矛盾方法的存在性证明，不难得出这两种方法相结合的第三种化解矛盾方法的存在性证明。

对于任一矛盾问题，至少存在三种可容变换可以使其变为相容问题，即增加型可容变换、蕴涵型可容变换和删减型可容变换；对于任一矛盾问题，也至少存在三种解决矛盾问题的策略：

[1]矛盾问题$\xrightarrow{\text{增加型可容变换}}$相容问题$\xrightarrow{\text{解悖变换}}$解决矛盾问题；

[2]矛盾问题$\xrightarrow{\text{蕴涵型可容变换}}$相容问题$\xrightarrow{\text{解悖变换}}$解决矛盾问题；

[3]矛盾问题$\xrightarrow{\text{删减型可容变换}}$相容问题$\xrightarrow{\text{解悖变换}}$解决矛盾问题。

本章小结：对于Σ和A不相容之矛盾问题的解决在经典命题逻辑的范围内是无法实现的，而在可拓逻辑的框架下这是可能的。为此，我们首先定义了变换、可拓变换、解悖变换等概念；在此基础上，证明了增加型变换、蕴涵型变换和删减型变换化矛盾问题为相容问题的可能性；最后证明了使用变换解决矛盾问题的三种策略的逻辑存在性。

第十章　弗协调逻辑在计算机科学中的应用

在本章将概要地考察弗协调逻辑在计算机科学中的应用成果。介绍一些应用案例，并结合作者所做的工作，来作一些比较分析。

10.1 弗协调逻辑在计算机科学中的应用概述

弗协调逻辑在计算机科学中的应用主要体现在人工智能方面。在知识获取——知识处理——知识应用的整个环节中，如果我们所获取的大量知识是协调的，那么我们使用经典逻辑作为推理工具来进行知识处理是没有问题的；如果我们所获取的大量知识是不协调的，那么我们使用经典逻辑作为推理工具来进行知识处理就会遇到一个问题：任何信息都是这个知识系统的逻辑推论。这意味着我们千辛万苦所获取的知识系统是毫无用途的。

而我们建立的知识库常常是不协调的，例如一些海量信息系统，大量存在的常识系统，信息采自多个专家的专家系统，包括所有科学知识的巨型科学知识系统等，都不是协调的知识系统。要命的是我们常常无法判定我们所获取的知识系统是否是协调的。为之，我们需要一种既能“适当地容忍矛盾”，又能合理地使用已有的知识信息的逻辑工具，弗协调逻辑恰好可以实现这一点。

举一个例子可以很好地说明这一点。假设一个知识系统包括如下信息：$\{p \to q, \neg q, \neg\neg r \vee \neg p, p \to \neg s\}$，在有条件 p (金融风暴)的情况下，咨询者如何利用这个知识系统来对 r (进入高校学习，进行知识积累)和 s (投资房产)进行决策呢？如果使用经典逻辑(CL)作为推理工具来分析，可得下面的结果：

1. p	前提条件
2. $p \to q$	知识系统
3. q	1、2 CL
4. $\neg q$	知识系统
5. $\neg\neg r \vee \neg p$	知识系统
6. r	1、5 CL
7. $q \to (\neg q \to \neg r)$	CL
8. $\neg r$	3、4、7 CL
9. $p \to \neg s$	知识系统
10. $\neg s$	1、9 CL
11. $q \to (\neg q \to s)$	CL
12. s	3、4、11 CL

亦即既有r又有$\neg r$，既有s又有$\neg s$，咨询者无法进行决策。但是如果使用弗协调逻辑(C_n)作为推理工具来分析，则有下面的结果：

1. p	前提条件
2. $p \to q$	知识系统
3. q	1、2 CL
4. $\neg q$	知识系统
5. $\neg\neg r \vee \neg p$	知识系统
6. r	1、5 C_n
7. $p \to \neg s$	知识系统
8. $\neg s$	1、7 C_n

根据这一分析结果，咨询者尽管没法对q进行决策，但是可以对r和s进行决策，即选择r(进入高校学习，进行知识积累)而放弃s(投资房产)。

弗协调逻辑在计算机科学中的应用研究，主要体现在如下两个方面：

1. 基于弗协调逻辑的程序设计

20 世纪 80 年代末，Blair 和 Subrahmanian[1987]在弗协调逻辑的理论基础上提出了注解逻辑(Annotated Logic)，这一逻辑系统可广泛应用于弗协调逻辑程序设计、面向对象的数据库等领域①。Alcantara 和 Damasio[2002]等扩展了反序逻辑(Antitonic Logic)程序框架，该框架足以获取概率演绎数据库、或然性逻辑程序设计、混合概率逻辑程序和模糊逻辑程序，从而给出了处理缺省推理、不协调性和不确定性的有力的数学形式体系②。de Amo 和 Pais[2007]研究了不一致数据库查询的弗协调逻辑程序设计方法③。

2. 基于弗协调逻辑的专家系统。

科斯塔和Subrahmanian[1989]合作发表了《作为不协调知识库推理之形式工具的弗协调逻辑》④，讨论了弗协调逻辑的归结理论以及在不协调知识库推理中的若干应用。Nakamatsu和Seno[2003]基于弗协调逻辑程序EVALPSN(Extended Vector Annotated Logic Program with Strong Negation)建立了智能实时交通信号控制系统⑤。Nakamatsu和Akama[2005]等基于弗协调逻辑程序建立了一个智能安全核查系统⑥。Torres 和 Lambert-Torres[2006]研究了利用弗协调逻辑智能系统来控制自主移动机器人⑦。Encheva和 Tumin[2007]等详细地研究了弗协调注解逻辑在智能系统方面的应用⑧。尤其值得一提的是Encheva和Tumin[2007]等研究了弗协调逻辑在智能教学系统方面的应用⑨。

特别值得一提的是，我国学者在弗协调逻辑的计算机应用方面也取得了诸多成果。

---

① Blair, H. A. and V. S. Subrahmanian (1987). "Paraconsistent Logic Programming." Lecture Notes in Computer Science 287: 340~360.

② Alcantara, J., C. V. Damasio, et al. (2002). "Paraconsistent logic programs." Logics in Artificial Intelligence 8th 2424: 345~356.

③ de Amo, S. and M. S. Pais (2007). "A paraconsistent logic programming approach for querying inconsistent databases." International Journal of Approximate Reasoning 46(2): 366~386.

④ da Costa N.C.A. and Subrahmanian V.S. (1989). "Paraconsistent Logics as a Formalism for Reasoning about Inconsistent Knowledge Bases." Artificial Intelligence in Medicine, 1989(1):167~174.

⑤ Nakamatsu, K., T. Seno, et al. (2003). "Intelligent real-time traffic signal control based on a paraconsistent logic program EVALPSN." Rough Sets, Fuzzy Sets, Data Mining, and Granular Computing 2639: 719~723.

⑥ Nakamatsu, K., S. Akama, et al. (2005). "An intelligent safety verification based on a paraconsistent logic program." Knowledge-Based Intelligent Information and Engineering Systems, Pt 2, Proceedings 3682: 708~715.

⑦ Torres, C. R., G. Lambert-Torres, et al. (2006). "Intelligent system of paraconsistent logic to control autonomous moving robots." IECON 2006 - 32nd Annual Conference on IEEE Industrial Electronics, Vols 1-11: 1924~1928.

⑧ Encheva, S., S. Tumin, et al. (2007). "Application of paraconsistent annotated logic in intelligent systems." Advanced Intelligent Computing Theories and Applications: With Aspects of Theoretical and Methodological Issues 4681: 702~710.

⑨ Encheva, S., S. Tumin, et al. (2007). "Application of paraconsistent logic in an intelligent tutoring system." Cooperative Design, Visualization, and Engineering 4674: 377~384.

林作铨、李未[1995]分析了弗协调逻辑与非单调逻辑的关系，提出了非单调弗协调逻辑作为一种新的逻辑研究及其在形式化常识推理中的重要意义，讨论了非单调弗协调逻辑在计算机科学与人工智能中的应用问题[10]。

朱福喜、刘莉萍、 傅建明[1998]引进了一套弗协调逻辑系统——注解逻辑的线性归结方法，证明了若干命题，并用一个谋杀案件的推理实例表明在知识库中产生不协调性之后，仍然可以进行正常的推理[21]。朱福喜[2002]还系统地研究了弗协调逻辑在人工智能领域中的应用。他详细地分析了弗协调逻辑在不协调知识库中进行推理的理论与应用，以及弗协调逻辑自动定理证明的理论与实现[2]。

韩庆，林作铨[2004]构建了新的弗协调逻辑——双缺省理论，使得缺省逻辑在四值语义下能够处理不协调的知识而不导致扩张的平凡性[3-4]。

朱福喜，龚昌盛，余振坤[2006]将 XML(extensible mafknp language)用于表示标记逻辑，探讨了在这种表示之下标记逻辑线性推理规则和推理策略及其实现问题，并给出了推理实例。通过研究表明，使用 XML 能够很方便地表达标记逻辑，并且利用 XML 的辅助工具能够非常方便地实现其推理机制[22]。

朱三元、朱福喜[2007]提出基于扩充真值的弗协调谓词逻辑 APC 是对经典谓词逻辑演算的扩展，APC 归结能够用于弗协调系统的自动推理。他们设计了既能在协调的环境下，也能在不协调的环境下进行有效推理的自动推理系统，实现了提高推理效率的多种策略[20]。

10.2 应用案例分析

下面介绍弗协调逻辑在计算机科学中应用的几个经典案例。

例 1 医学专家系统 KB①

弗协调逻辑医学专家系统 KB 的知识库包括两位医学专家的诊断规则：

① 例 1、例 2 参见: da Costa N.C.A. and Subrahmanian V.S. (1989). "Paraconsistent Logics as a Formalism for Reasoning about Inconsistent Knowledge Bases." Artificial Intelligence in Medicine, 1989(1):167~174. 但是修改补充了一些技术细节。

表 10.1　医生 1 的诊断规则

$S_1(x):t \wedge S_2(x):t \Rightarrow D_1(x):t$
$S_1(x):t \wedge S_3(x):t \Rightarrow D_2(x):t$
$D_2(x):t \Rightarrow D_1(x):f$
$D_1(x):t \Rightarrow D_2(x):f$

表 10.2　医生 2 的诊断规则

$S_1(x):t \wedge S_4(x):t \Rightarrow D_1(x):t$
$S_1(x):f \wedge S_3(x):t \Rightarrow D_2(x):t$

表中 $S_n(x)$ 表示求诊者 x 具有症状 S_n，$D_m(x)$ 表示求诊者 x 具有疾病 D_m，$S_n(x):t$ 表示求诊者 x 具有症状 S_n 为真，$S_n(x):f$ 表示求诊者 x 具有症状 S_n 为假，$A \Rightarrow B$ 表示如果条件 A 得到满足，就会有结果 B。

医生 1 的诊断规则表示：如果求诊者 x 具有症状 S_1 和 S_2，那么求诊者 x 就患有疾病 D_1；如果求诊者 x 具有症状 S_1 和 S_3，那么求诊者 x 就患有疾病 D_2；如果求诊者 x 患有疾病 D_1，那么他就不患疾病 D_2；如果求诊者 x 患有疾病 D_2，那么他就不患疾病 D_1。

医生 2 的诊断规则表示：如果求诊者 x 具有症状 S_1 和 S_4，那么求诊者 x 就患有疾病 D_1；如果求诊者 x 不具有症状 S_1 但是有症状 S_3，那么求诊者 x 就患有疾病 D_2。

上述两位医学专家的诊断规则可以进一步简化为：

$DR1$　$S_1(x) \wedge S_2(x) \Rightarrow D_1(x)$

$DR2$　$S_1(x) \wedge S_3(x) \Rightarrow D_2(x)$

$DR3$　$D_2(x) \Rightarrow \neg D_1(x)$

$DR4 \quad D_1(x) \Rightarrow \neg D_2(x)$

$DR5 \quad S_1(x) \wedge S_4(x) \Rightarrow D_1(x)$

$DR6 \quad \neg S_1(x) \wedge S_3(x) \Rightarrow D_2(x)$

假设对于求诊者a和b进行检查后，获得了如下的诊断信息：

表 10.3 求诊者a和b的诊断信息

$S_1(a):t$
$S_1(b):f$
$S_2(a):f$
$S_2(b):f$
$S_3(a):t$
$S_3(b):t$
$S_4(a):t$
$S_4(b):f$

上述诊断结果表明，求诊者a具有症状S_1、S_3和S_4，但是不具有症状S_2；求诊者b具有症状S_3，但是不具有症状S_1、S_2和S_4。上述结果可简单地表示为：

(1) $S_1(a) \wedge \neg S_2(a) \wedge S_3(a) \wedge S_4(a)$

(2) $\neg S_1(b) \wedge \neg S_2(b) \wedge S_3(b) \wedge \neg S_4(b)$

利用求诊者a的检查结果结合上述知识库，根据医生 1 的诊断规则可以获得下述诊断结果：

(3) $S_1(a) \wedge S_3(a) \Rightarrow D_2(a)$ $\quad\quad DR2$

(4) $S_1(a) \wedge S_3(a)$ (1) C_n

(5) $D_2(a)$ (3)、(4) C_n

(6) $D_2(a) \Rightarrow \neg D_1(a)$ $DR3$

(7) $\neg D_1(a)$ (5)、(6) C_n

亦即根据医生 1 的诊断规则可知求诊者 a 患有疾病 D_2，但是不患有疾病 D_1。

另一方面，利用求诊者 a 的检查结果结合上述知识库，根据医生 2 的诊断规则还可以获得下述诊断结果：

(8) $S_1(a) \wedge S_4(a) \Rightarrow D_1(a)$ $DR5$

(9) $S_1(a) \wedge S_4(a)$ (1) C_n

(10) $D_1(a)$ (8)、(9) C_n

亦即根据医生 2 的诊断规则可知求诊者 a 患有疾病 D_1。这就出现了矛盾，因为根据同一个专家系统得出了求诊者 a 既患有疾病 D_1，又不患有疾病 D_1。

倘若使用的推理工具是经典逻辑，这种不协调性就直接影响到对求诊者 b 的诊断。但是由于该专家系统使用的是弗协调逻辑工具 C_n，这种不协调性就不会影响对求诊者 b 的诊断。

利用求诊者 b 的检查结果结合上述知识库，根据医生 2 的诊断规则可以获得下述诊断结果：

(11) $\neg S_1(b) \wedge S_3(b) \Rightarrow D_2(b)$ $DR6$

(12) $\neg S_1(b) \wedge S_3(b)$ (2) C_n

(13) $D_2(b)$ (11)、(12) C_n

再根据医生 1 的诊断规则可以获得下述诊断结果：

(14) $D_2(b) \Rightarrow \neg D_1(b)$ $DR3$

(15) $\neg D_1(b)$ (13)、(14) C_n

(16) $\neg D_1(b) \wedge D_2(b)$ (13)、(15) C_n

亦即根据上述知识库 KB，对于求诊者 b 可以获得这样的诊断结果：患有疾病 D_2，但是不患疾病 D_1。

例 2 不动产投资专家系统 LAND

不动产投资专家系统 LAND 包括如下信息：

(1) 靠近核工厂(x):$[0.75, 0] \Rightarrow$ 购地(x):$[0, 1]$；

(2) 蕴藏石油(x):$[0.85, 0] \Rightarrow$ 购地(x):$[1, 0]$；

(3) 可能成为旅游胜地$(x):[0.9, 0] \Rightarrow$购地$(x):[1, 0]$；

(4) 可能成为旅游胜地(A 岛屿)$:[0.95, 0]$；

(5) 蕴藏石油(B 湿地)$:[0.9, 0]$；

(6) 蕴藏石油(C 滩涂)$:[0.88, 0]$；

(7) 靠近核工厂(B 湿地)$:[0.8, 1]$；

(8) 被政府认定为核基地$(x):[1, 0] \Rightarrow$靠近核工厂$(x):[0.8, 0]$；

(9) 被政府认定为核基地(A 岛屿)$:[1, 0]$。

上述信息中，$D(x):[\mu_1, \mu_2]$表示事件$D(x)$的真值分布，其中μ_1表示对$D(x)$的相信度，μ_2表示对$D(x)$的不相信度，$[\mu_1, \mu_2] \le [\rho_1, \rho_2]$当且仅当$\mu_1 \le \rho_1$ *and* $\mu_2 \le \rho_2$；特别地，$D(x):[1, 0]$表示对事件$D(x)$完全相信，$D(x):[0, 1]$表示对事件$D(x)$完全不相信，$D(x):[0, 0]$表示对事件$D(x)$绝对的信任缺乏(absolute lack belief)，$D(x):[1, 1]$表示对事件$D(x)$绝对的信念不一致(absolutely inconsistent beliefs)。

1. 考虑是否购买 A 岛屿。根据上述专家系统，有下述推理结果：

(10) 可能成为旅游胜地(A 岛屿)$:[0.9, 0] \Rightarrow$购地(A 岛屿)$:[1, 0]$ (3)

(11) 购地(A 岛屿)$:[1, 0]$ (4)、(10) C_n

(12) 被政府认定为核基地(A 岛屿)$:[1, 0] \Rightarrow$靠近核工厂(A 岛屿)$:[0.8, 0]$ (8)

(13) 靠近核工厂(A 岛屿)$:[0.8, 0]$ (9)、(12) C_n

(14) 靠近核工厂(A 岛屿)$:[0.75, 0] \Rightarrow$购地(A 岛屿)$:[0, 1]$ (1)

(15) 购地(A 岛屿)$:[0, 1]$ (13)、(14) C_n

(16) 购地(A 岛屿)$:[1, 1]$

即由不动产投资专家系统 LAND 给出的结果是绝对不一致的信念。这样，对于一个谨慎的投资者来说，他可能选择放弃购买 A 岛屿；但是对于一个冒险家来说，他可能决定赌一把。

2. 考虑是否购买 B 湿地。即使有了上述矛盾，因为是以弗协调逻辑系统C_n作为推理工具，根据上述专家系统，有下述推理结果：

(17) 蕴藏石油(B 湿地)$:[0.85, 0] \Rightarrow$购地(B 湿地)$:[1, 0]$ (2)

(18) 购地(B 湿地)$:[1, 0]$ (5)、(17) C_n

(19) 靠近核工厂(B 湿地)$:[0.8, 1] \wedge [0.8, 1] \ge [0.8, 0]$ (7)

(20) 靠近核工厂(B 湿地)$:[0.75, 0] \Rightarrow$购地(B 湿地)$:[0, 1]$ (1)

(21) 购地(B 湿地):[0,1]　　(5)、(17) C_n

(22) 购地(B 湿地):[1,1]

由于对于 B 湿地本身包含不一致的信念(靠近核工厂(B 湿地):[0.8,1])，导致了是否购买 B 湿地的绝对不一致的信念。

3. 考虑是否购买 C 滩涂。即使有了上述矛盾，因为是以弗协调逻辑系统 C_n 作为推理工具，根据上述专家系统，有下述推理结果：

(23) 蕴藏石油(C 滩涂):[0.85, 0] $\Rightarrow$ 购地(C 滩涂):[1, 0]　　(2)

(24) 购地(C 滩涂):[1, 0]　　(6)、(23) C_n

即购买 C 滩涂是一个值得信赖的选择。

例 3 神秘谋杀案的弗协调逻辑下的归结推理①

对于某桩神秘谋杀案。刑侦专家 1 和刑侦专家 2 根据他们的经验、刑侦知识以及实际侦查，分别建立了如下的知识库：

刑侦专家 1：

(1) 在这幢房子里住有 A、B、C、D 四人；

(2) 只有这幢房子中的人才有可能杀死 A；

(3) 如果 x 恨 y，则 x 可能杀 y；

(4) A 所恨的人，C 一定不恨；

(5) 除了 B 之外，A 恨所有的人；

(6) D 不比 A 富有；

(7) D 恨 A；

(8) B 不恨 B。

刑侦专家 2：

(9) 如果住在这幢房子里的人当天外出，则没有作案时间；

(10) 谋杀者一定不比受害者富有；

(11) B 恨所有不比 A 富有的人；

(12) 若 x 谋杀 A，则 x 必定有作案时间；

(13) 若 x 谋杀 A,，则 x 必定恨 A；

(14) D 在案发的这天外出。

这些知识可以表述为下列子句：

① 参见：朱福喜，刘莉萍，傅建明．次协调逻辑下的自动推理．武汉大学学报(自然科学版). 1998, 44(5): 581~584.

(15) $Live(A):t; Live(B):t; Live(C):t; Live(D):t;$

(16) $\neg Kill(A,A):f \vee \neg Kill(B,A):f \vee \neg Kill(C,A):f \vee \neg Kill(D,A):f$

(17) $\neg Hate(x,y):t \vee Kill(x,y):t$

(18) $\neg Hate(A,x):t \vee \neg Hate(C,x):t$

(19) $\neg Equal(x,B):f \vee Hate(A,x):t$

(20) $RichThan(D,A):f$

(21) $Hate(D,A):t$

(22) $\neg Hate(B,B):t$

(23) $\neg Out(x):t \vee HadTime(x):f$

(24) $Kill(x,y):f \vee RichThan(x,y):f$

(25) $\neg RichThan(x,A):f \vee Hate(B,x):t$

(26) $Kill(x,A):f \vee \neg HadTime(x):f$

(27) $Kill(x,A):f \vee Hate(x,A):t$

(28) $Out(D):t$

推理中要使用到一个常识：

(29) $Equal(A,B):f$

从刑侦专家 1 的知识库，可得：

(30) $Kill(D,A):t$ (17)、(21) C_n

但是从刑侦专家 2 的知识库，又可以归结得出：

(31) $HadTime(D):f$

(23)、(28) C_n

(32) $Kill(D,A):f$ (26)、(31) C_n

(30) $Kill(D,A):t$ 和(32) $Kill(D,A):f$ 矛盾，这表明刑侦专家 1 的知识库和刑侦专家 2 的知识库合并后出现了不协调，但是因为使用的弗协调逻辑作为归结的工具，因此，可以继续归结得出：

(33) $Hate(A,A):t$ (19)、(29) C_n

(34) $\neg Hate(C,A):t$ (18)、(33) C_n

(35) $Kill(C,A):f$ (27)、(34) C_n

(36) $Kill(x,A):f \vee Hate(B,x):t$ (24)、(25) C_n

(37) $Kill(B,A):f$ (22)、(36) C_n

(38) $\neg Kill(A,A):f \vee \neg Kill(C,A):f \vee \neg Kill(D,A):f$ (16)、(37) C_n

(39) $\neg Kill(A,A):f \vee \neg Kill(D,A):f$ (35)、(38) C_n

(40) $\neg Kill(A,A):f$ (32)、(39) C_n

即可以得出 A 是自杀。

10.3 基于新系统的应用分析

下面简要地讨论本书所建立的系统在计算机科学中的一些应用，并和科斯塔的系统进行一些比较分析。

1. 基于对当关系命题逻辑的知识表示和知识处理

本书建立的若干新型逻辑系统，这些系统为知识表示和知识推理增加了新的工具。下面以对当关系逻辑来说明这一点。

经典逻辑中的一元真值连接词最常用的就是¬，它可以用来表示命题之间的矛盾关系；但是对于命题之间的差等关系、反对关系和下反对关系，经典逻辑在命题层次上是表达乏力的。例如，对于下列命题：

(1) 所有偶数都是奇数；

(2) 所有偶数都不是奇数；

(3) 有些偶数是奇数；

(4) 有些偶数不是奇数。

如果我们使用符合 p 表示命题(1)，那么在经典命题逻辑的范围内，命题(4)可以表达为 $\neg p$，但是对于命题(2)和命题(3)就无法表达了。但是在对当关系命题逻辑中，命题(4)仍然可以表达为 $\neg p$，并且命题(2)既可以表达为 $\triangledown p$，还可以表达为 $\neg * p$；命题(3)既可以表达为 $*p$，也可以表达为 $\neg\triangledown p$。

尽管命题(2)和命题(3)在经典一阶谓词逻辑上可以得到表达，但是我们知道一阶谓词逻辑不是可判定的，而对当关系命题逻辑是可判定的(参见第二章的相关证明)，这样不仅表达能力强，而且处理相关推理问题自有其方便之处。

2. 包含不协调信息的知识处理和专家系统

为了不引起混淆，对于命题 p，我们用 $\neg p$ 表示科斯塔的弗协调否定命题，用 $\sim p$ 表示经典和知识蕴涵逻辑中的矛盾否定命题。

在第二章中，通过分析发现，科斯塔的弗协调逻辑 C_n 中的否定命题

$\neg p$ 和 p 之间是一种下反对关系，而且是一种特殊的下反对关系。因为我们知道$\sim p$ 和 $p \vee q$ 之间是下反对关系，而 $p \vee q$ 和$\sim p \vee \sim q$ 之间也是下反对关系，即$\sim p \vee \sim q$ 是$\sim p$ 的下反对关系的下反对关系命题，由$\sim p \vee \sim q$ 的真并不能得出$\sim p$ 的真，因此对于一对一般的下反对关系命题 p 和$\triangle\triangle p$ 来说，由$\triangle\triangle p$ 的真并不能得出 p 真，即$\triangle\triangle p \to p$ 不是有效式，因此也表示可靠系统的定理，但是在 C_n 中有公理$\neg\neg p \to p$，所以命题$\neg p$ 和 p 之间是一种特殊的下反对关系。

搞清楚了这一点，可以发现科斯塔的弗协调逻辑 C_n 可以表示的是一种非常特殊的知识。这样在上述三个典型的应用实例中，在对不协调信息的处理方面是有值得商榷之处的。

我们先来看例 1 中的关键步骤：

……

(7) $\neg D_1(a)$

亦即根据医生 1 的诊断规则可知求诊者 a 不患有疾病 D_1。

另一方面，利用求诊者 a 的检查结果结合上述知识库，根据医生 2 的诊断规则还可以获得：

……

(10) $D_1(a)$

亦即根据医生 2 的诊断规则可知求诊者 a 患有疾病 D_1。这就出现了矛盾，因为根据同一个专家系统得出了求诊者 a 既患有疾病 D_1，又不患有疾病 D_1。

倘若使用的推理工具是经典逻辑，这种不协调性就直接影响到对求诊者 b 的诊断。但是由于该专家系统使用的是弗协调逻辑工具 C_n，这种不协调性就不会影响对求诊者 b 的诊断。

……

在上述推理中，$D_1(a)$ 表示 a 患有疾病 D_1，$\neg D_1(a)$ 表示 a 不患有疾病 D_1，这是不妥的，因为“a 患有疾病 D_1”和“a 不患有疾病 D_1”是一对矛盾关系命题，在弗协调逻辑 C_n 中 $D_1(a)$ 和$\neg D_1(a)$ 之间是一种特殊的下反对关系命题，因此该知识表示不准确。矛盾关系命题“a 患有疾病 D_1”和“a 不患有疾病 D_1”在弗协调逻辑 C_n 中应该表示为 $D_1(a)$ 和$\sim D_1(a)$，但是要命的是在弗协调逻辑 C_n 中，$A \wedge \sim A \to B$ 恰恰是一条定理，这意味着在知识库获得矛盾信息后，任何命题都将成为该知识库的推论，这将直接影响到对求诊者b的诊断，即我们既可以得出b患有疾病D_1，又可以得出b不患疾病D_1；既可以得出b不患有疾病D_2，又可以得出b患疾病D_2。实际上，这就了成一个无用的专家系统。

但是，如果我们使用知识蕴涵逻辑作为上述知识库的推论工具，则完全可以避免上述困境。在知识蕴涵逻辑系统中，系统即使出现了像$D_1(a)$和$\sim D_1(a)$这样一种矛盾关系命题，推理仍然可以继续进行下去，因为在知识蕴涵逻辑诸系统中，$A \wedge \sim A \rightarrow B$不是系统的定理。

对于例 2 和例 3 可以作类似的分析。

由此可见，对当关系逻辑系统和知识蕴涵逻辑系统比之弗协调逻辑系统C_n可以更加准确地表示不协调信息，更适合作为不协调知识库的逻辑推理工具。

本章小结：知识蕴涵逻辑是能够处理包含矛盾信息的知识系统的推理问题的一类逻辑系统。它可以避免由于矛盾信息而带来推理后承的爆炸性结果。它的应用前景是非常广泛的，主要体现在：1.为智能系统提供处理不协调信息的逻辑工具；2.用于不协调信息的形式表示；3.有助于自然语言理解。由两个具体的应用实例可以看出，在某些情况下，用知识蕴涵逻辑描述人类的推理过程更加符合人类智能的实际情况。

结 语

为了处理不同的不协调信息系统，我们通过建立对当关系逻辑系统、知识蕴涵逻辑系统和不协调信息转换，给出了解决不协调推理问题的不同策略。

不协调信息系统是由其中包含不同的相互否定的信息构成的。对于包含下反对关系相互否定信息的系统，我们可以使用对当关系逻辑系统来描述其推理机制；对于包含矛盾关系相互否定信息的系统，我们可以通过知识蕴涵逻辑系统来描述其推理机制；对于包含反对关系相互否定信息的系统，我们可以通过对当关系逻辑系统和知识蕴涵逻辑系统来描述其推理机制。另外，对于包含这三种否定构成的不协调信息系统，均可以通过不协调信息转换来完成其前提和结论之间的推理关系。可以说，本书构建的诸多策略，为解决不协调信息系统的推理问题提供了一个比较完整的逻辑工具。

也可以这样来理解本书建立的不同的逻辑系统：处理不协调信息系统的逻辑工具，影响最大的当属科斯塔的弗协调逻辑系列。对于科斯塔的工作，有些逻辑学家认为其解决司各脱问题是成功的，也有些逻辑学家认为是不成功的（这并不影响对于司各脱创造性成果的肯定）。如果你认为是成功的，因为科斯塔是通过构建一种特殊的下反对关系逻辑来解决司各脱问题的，那么本书构建的对当关系逻辑给出了对于下反对关系推理机制的更加一般的描述，因此可以认为对当关系逻辑也解决了司各脱问题；如果你认为是不成功的，那么本书构建的知识蕴涵逻辑则给出了一种不改变对于经典否定（即认为否定只有矛盾关系的否定）的理解的解决策略。

由于本书的工作是原创性的，所以还有诸多问题值得进一步探讨：

1. 在知识蕴涵逻辑系统中，本书只是给出了经典否定的描述，对于反对否定、下反对否定在知识蕴涵逻辑系统之上的推理规律的探讨还需要深入地进行。

2. 对于知识蕴涵的提出，我们基于的立足点是推理的直觉，对于它与经典实质蕴涵的以及其他蕴涵的关系，本书也作了研究。但是，历史上，人们已经提出了诸多的和实质蕴涵关系不同的蕴涵，诸如直觉主义蕴涵、相干蕴涵、衍推蕴涵、严格蕴涵等，限于本书的主题，对于知识蕴涵与这些蕴涵之间的关系尚需进行更加深入的研究。

3. 本书的工作主要集中在理论研究的层面，对于相关的应用探讨没有展开。对于这些系统的知识表示、弗协调知识推理以及相关逻辑系统定理的机器证明方面可以作进一步的探究。

参考文献及相关研究资料

[1] 程晓春，姜云飞．关于择优蕴涵的悖论．计算机研究与发展．1997, 34(2): 81~86.

[2] 桂起权，陈自立，朱喜福．次协调逻辑与人工智能．武汉：大学出版社, 2002.

[3] 韩　庆，林作铨．不协调知识的缺省推理．软件学报．2004，15(7): 1030~1041.

[4] 韩　庆．非单调超协调推理研究．北京：北京大学博士学位论文．2004.

[5] 康　德．纯粹理性批判．蓝公武译．北京：商务印书馆, 1960.

[6] 李秀敏．亚相容逻辑的历史考察和哲学审思．南京：南京大学博士学位论文, 2005.

[7] 林作铨，李未．超协调逻辑（Ⅰ）——传统超协调逻辑研究．计算机科学. 1994, 21(5): 1~8.

[8] 林作铨，李未．超协调逻辑（Ⅱ）——新超协调逻辑研究．计算机科学. 1994, 21(6): 1~6.

[9] 林作铨，李未．超协调逻辑（Ⅲ）——超协调性的逻辑基础．计算机科学. 1995, 22(1): 1~4.

[10] 林作铨，李未．超协调逻辑（Ⅳ）——非单调超协调逻辑研究．计算机科学. 1995, 22(1): 4~9.

[11] 林作铨．超协调限制逻辑．计算机学报. 1995, 18(9): 665~670.

[12] 林作铨．一个在弗协调逻辑中的限制．软件学报．1995，6(5): 290~295.

[13] 林作铨，李未．悖论逻辑的表演算．软件学报. 1996, 7(6): 345~353.

[14] 林作铨．悖论逻辑及其表演算．计算机学报．1998，21(Suppl. Aug): 18~23.

[15] 佟惠军，杨　林，贾秋锐．基于次协调逻辑的空战决策支持系统研究．计算机仿真. 2008, 25(4): 61~64.

[16] 王　浩. 数理逻辑通俗讲话. 北京: 科学出版社, 1981.

[17] 杨熙龄. 不协调逻辑小议. 国外社会科学. 1981, 4(7): 57~60.

[18] 杨熙龄. “超协调逻辑”和纳塞阿丁的故事. 国外社会科学. 1985, 8(10): 8~16.

[19] 张清宇. 弗协调逻辑. 北京: 中国社会出版社, 2003.

[20] 朱三元, 朱福喜. 基于 APC 的次协调自动推理系统的设计与实现. 计算机工程与设计. 2007, 28(22): 5482~5484.

[21] 朱福喜, 刘莉萍, 傅建明. 次协调逻辑下的自动推理. 武汉大学学报(自然科学版). 1998, 44(5): 581~584.

[22] 朱福喜, 龚昌盛, 余振坤. 基于 XML 的次协调推理. 武汉大学学报(理学版). 2006, 52(1): 64~68.

[23] Abe JM, Akama S, Nakamatsu K. Monadic curry algebras Q tau. Knowledge Based Intelligent Information and Engineering Systems: KES 2007 - WIRN 2007, Pt II, Proceedings. 2007, 4693:893~900.

[24] Abe JM, Nakamatsu K. Manipulating paraconsistent knowledge in multi-agent systems. Agent and Multi-Agent Systems: Technologies and Applications, Proceedings. 2007, 4496:159~168.

[25] Agudelo JC, Carnielli W. Unconventional models of computation through non-standard logic circuits. Unconventional Computation, Proceedings. 2007, 4618:29~40.

[26] Akama S, Nakamtsu K, Abe JM. A natural deduction system for annotated predicate logic. Knowledge-Based Intelligent Information and Engineering Systems: KES 2007 - WIRN 2007, Pt II, Proceedings. 2007, 4693:861~868.

[27] Alcantara J, Damasio CV, Pereira LM. Paraconsistent logic programs. Logics in Artificial Intelligence 8th. 2002, 2424:345~356.

[28] Anderson ML, Gomaa W, Grant J, Perlis D. Active logic semantics for a single agent in a static world. Artificial Intelligence. 2008, 172(8-9):1045~1063.

[29] Arieli O. Paraconsistent declarative semantics for extended logic programs. Annals of Mathematics and Artificial Intelligence. 2002,

36(4):381~417.

[30] Arieli O. Paraconsistent reasoning and preferential entailments by signed quantified Boolean formulae. Acm Transactions on Computational Logic. 2007, 8(3).

[31] Arieli O. Distance-based paraconsistent logics. International Journal of Approximate Reasoning. 2008, 48(3):766~783.

[32] Arieli O, Avron A. A model-theoretic approach for recovering consistent data from inconsistent knowledge bases. Journal of Automated Reasoning. 1999, 22(3):263~309.

[33] Arieli O, Denecker M. Reducing preferential paraconsistent reasoning to classical entailment. Journal of Logic and Computation. 2003, 13(4):557~580.

[34] Arruda AI, Alves EH. Some remarks on the loigc of vagueness. Journal of Symbolic Logic. 1981, 46(1):181~182.

[35] Avron A. Non-deterministic semantics for logics with a consistency operator. International Journal of Approximate Reasoning. 2007, 45(2):271~287.

[36] Avron A, Lev I. Non-deterministic multiple-valued structures. Journal of Logic and Computation. 2005, 15(3):241~261.

[37] Avron A, Zamansky A. Many-valued non-deterministic semantics for first-order logics of formal (In)consistency. Algebraic and Proof-Theoretic Aspects of Non-Classical Logics. 2007, 4460:1~24.

[38] Banerjee M. Logic for rough truth. Fundamenta Informaticae. 2006, 71(2-3):139~151.

[39] Berto F. Is dialetheism an idealism? The Russellian Fallacy and the dialetheist's dilemma. Dialectica. 2007, 61(2):235~163.

[40] Besnard P, Schaub T. Signed systems for paraconsistent reasoning. Journal of Automated Reasoning. 1998, 20(1-2):191~213.

[41] Besnard P, Schaub T, Tompits H, Woltran S. Paraconsistent reasoning via quantified Boolean formulas, I: Axiomatising signed systems. Logics in Artificial Intelligence 8th. 2002, 2424:320~331.

[42] Besnard P, Schaub T, Tompits H, Woltran S. Paraconsistent reasoning via quantified Boolean formulas, II: Circumscribing inconsistent theories. Symbolic and Quantitative Approaches to Reasoning with Uncertainty, Proceeding. 2003, 2711:528~539.

[43] Beziau JY. Are paraconsistent negations negations? Paraconsistency. 2002, 228:465~486.

[44] Bremer M. Kearns' illocutionary logic and the Liar. History and Philosophy of Logic. 2008, 29(3):223~225.

[45] Brown B. Yes, Virginia, there really are paraconsistent logics. Journal of Philosophical Logic. 1999, 28(5):489~500.

[46] Bueno O, da Costa NCA. Quasi-truth, paraconsistency, and the foundations of science. Synthese. 2007, 154(3):383~399.

[47] Caleiro C, Goncalves R. On the algebraization of many-sorted logics. Recent Trends in Algebraic Development Techniques. 2007, 4409:21~36.

[48] Carnielli WA, Marcos J. A taxonomy of C-systems. Paraconsistency. 2002, 228:1~94.

[49] Chen DH, Zhang GQ, Wu JZ. QCTL: A logic for reasoning about inconsistent concurrent systems. Tase 2007: First Joint Ieee/Ifip Symposium on Theoretical Aspects of Software Engineering, Proceedings. 2007:241~250.

[50] Cheng J. Temporal deontic relevant logic as the logical basis for decision making based on anticipatory reasoning. 2006 Ieee International Conference on Systems, Man, and Cybernetics, Vols 1~6, Proceedings. 2006:1036~1041.

[51] D'Ottaviano IML, Hifume C. Peircean pragmatic truth and da Costa's quasi-truth. Model-Based Reasoning in Science, Technology, and Medicine. 2007, 64:383~398.

[52] Da Silva JI, Rocco A, Mario MC, Ferrara LF. Annotated paraconsistent logic applied to an expert system dedicated for supporting in an electric power transmission systems re-establishment. 2006 Ieee/Pes Power

Systems Conference and Exposition Vols 1~5. 2006:2212~2220.

[53] Da Costa NCA, and Guillaume M. Négations Composées et la Loi de Peirce dans les Systems *Cn*. Portugaliae Mathematica. 1965, 24:201~209.

[54] Da costa NCA. On the theory of inconsistent formal systems. Notre Dame Journal of Formal Logic. 1974, 15:497~510.

[55] Da costa NCA, Alves E. A semantical analysis of the calculi Cn. Notre Dame Journal of Formal Logic. 1977, 18:621~630.

[56] Da Costa NCA, Wolf RG. Studies in paraconsistent logic. The Dialectical Principle of the Unity of Opposites. Philosophia. 1980, 9(2):189~217.

[57] Da costa NCA. The philosophical import of paraconsistent logic. Journal of Non-Classical Logic. 1982, 1:1~19.

[58] Da costa NCA. On paraconsistent set theory. Logique et Analyse. 1986, 29:361~371.

[59] Da costa NCA, Carnielli WA. On paraconsistent deontic logic. Philosophia. 1986, 16(3-4):293~305.

[60] Da Costa NCA, Bueno O, French S. Is there a Zande logic? History and Philosophy of Logic. 1998, 19(1):41~54.

[61] Da Costa NCA, Bueno O, French S. The logic of pragmatic truth. Journal of Philosophical Logic. 1998, 27(6):603~620.

[62] Da Costa NCA, Krause D, Bueno O. Paraconsistent Logics and Paraconsistency: Technical and Philosophical Developments. 2004.

[63] Damasio CV, Pereira LM. Hybrid Probabilistic logic programs as residuated logic programs. Logics in Artificial Intelligence. 2000, 1919:57~72.

[64] Damasio CV, Pereira LM, Swift T. Coherent well-founded annotated logic programs. Logic Programming and Nonmonotonic Reasoning. 1999, 1730:262~276.

[65] de Amo S, Pais MS. A paraconsistent logic programming approach for querying inconsistent databases. International Journal of Approximate

Reasoning. 2007, 46(2):366~86.

[66] Decker H. Historical and computational aspects of paraconsistency in view of the logic foundation of databases. Semantics in Databases. 2003, 2582:63~81.

[67] Deutsch H. Paraconsisten analytic implication. Journal of Philosophical Logic. 1984, 13(1):1~11.

[68] Dubois D, Konieczny S, Prade H. Quasi-possibilistic logic and its measures of information and conflict. Fundamenta Informaticae. 2003, 57(2~4):101~125.

[69] Encheva S, Tumin S. Knowledge assessment based on many-valued logic. Knowledge-Based Intelligent Information and Engineering Systems: KES 2007 - WIRN 2007, Pt II, Proceedings. 2007, 4693:885~892.

[70] Encheva S, Tumin S, Kondratenko Y. Application of paraconsistent annotated logic in intelligent systems. Advanced Intelligent Computing Theories and Applications: With Aspects of Theoretical and Methodological Issues. 2007, 4681:702~710.

[71] Encheva S, Tumin S, Solesvik MZ. Application of paraconsistent logic in an intelligent tutoring system. Cooperative Design, Visualization, and Engineering. 2007, 4674:377~384.

[72] Feng YZ, Li YF, Tan CKY, Wadhwa B, Wang H. Belief-augmented OWL (BOWL) - Engineering the Semantic Web with beliefs. 12th Ieee International Conference on Engineering Complex Computer Systems, Proceedings. 2007:165~174.

[73] Filho J, Rocco A, Onuki AS, Ferrara LFP, Camargo JM. Electric power systems contingencies analysis by paraconsistent logic application. 2007 International Conference on Intelligent Systems Applications to Power Systems, Vols 1 and 2. 2007:104~109.

[74] Gordienko AB. A paraconsistent extension of Sylvan's logic. Algebra and Logic. 2007, 46(5):289~296.

[75] Gormley L. PARACONSISTENT LOGIC - ITALIAN - GRANA,N.

International Journal of General Systems. 1987, 13(4):361~363.

[76] Grant J, Hunter A. Measuring inconsistency in knowledgebases. Journal of Intelligent Information Systems. 2006, 27(2):159~184.

[77] Grant J, Hunter A. Analysing inconsistent first-order knowledgebases. Artificial Intelligence. 2008, 172(8-9):1064~1093.

[78] Grant J, Subrahmanian VS. Applications of paraconsistency in data and knowledge bases. Synthese. 2000, 125(1-2):121~132.

[79] Gutierrez H. PARACONSISTENT LOGIC - PRIEST,G, ROUTLEY,R, NORMAN,J. Arbor-Ciencia Pensamiento Y Cultura. 1991, 138(543):133~135.

[80] Hewitt C. Large-scale Organizational Computing requires unstratified reflection and strong paraconsistency. Coordination, Organizations, Institutions, and Norms in Agent Systems Iii. 2008, 4870:110~124.

[81] Hirsh E, Lewin RA. Algebraization of logics defined by literal-paraconsistent or literal-paracomplete matrices. Mathematical Logic Quarterly. 2008, 54(2):153~166.

[82] Horsten L, Welch P. The undecidability of propositional adaptive logic. Synthese. 2007, 158(1):41~60.

[83] Hunter A. Reasoning with contradictory information using quasi-classical logic. Journal of Logic and Computation. 2000, 10(5):677~703.

[84] Hunter A. Reasoning with inconsistency in structured text. Knowledge Engineering Review. 2000, 15(4):317~337.

[85] Karpenko AS. PARACONSISTENT STRUCTURE INSIDE OF MANY-VALUED LOGIC. Synthese. 1986, 66(1):63~69.

[86] Kassoff M, Genesereth MR. PrediCalc: a logical spreadsheet management system. Knowledge Engineering Review. 2007, 22(3):281~295.

[87] King D. Graham Priest and the philosophy of the paraconsistent. Philosophy Today. 2007, 51(1):91~103.

[88] Lewin RA, Mikenberg IF, Schwarze MG. Matrix semantics for

annotated logics. Models, Algebras, and Proofs. 1999, 203:279~293.

[89] Lindahl ER, Zhu QM. Epistemic belief frames in distributed effects-based reasoning. 2007 International Conference on Integration of Knowledge Intensive Multi-Agent Systems. 2006:46~51.

[90] Ma Y, Hitzler P, Lin ZQ. Algorithms for paraconsistent reasoning with OWL. Semantic Web: Research and Applications, Proceedings. 2007, 4519:399~413.

[91] Ma Y, Qi GL, Hitzler P, Lin ZQ. An algorithm for computing inconsistency measurement by paraconsistent semantics. Symbolic and Quantitative Approaches to Reasoning with Uncertainty, Proceedings. 2007, 4724:91~102.

[92] Ma Y, Qi GL, Hitzler P, Lin ZQ. Measuring inconsistency for description logics based on paraconsistent semantics. Symbolic and Quantitative Approaches to Reasoning with Uncertainty, Proceedings. 2007, 4724:30~41.

[93] Majkic Z. Intuitionistic truth-knowledge symmetric bilattices for uncertainty in intelligent systems. 2006 3rd International Ieee Conference Intelligent Systems, Vols 1 and 2. 2006:689~696.

[94] Maksimova LL. A method of proving interpolation in paraconsistent extensions of the minimal logic. Algebra and Logic. 2007, 46(5):341~53.

[95] Markin VI. A conference on problems of relevant and paraconsistent logic. Voprosy Filosofii. 1983, (6):164~165.

[96] Marquis P, Porquet N. Resource-bounded paraconsistent inference. Annals of Mathematics and Artificial Intelligence. 2003, 39(4):349~384.

[97] Martins HG, Lambert-Torres G, Pontin LF, Duarte AL, Santo DD. Para-consistent case-based reasoning for practical industrial applications. Progress in Intelligence Computation and Applications, Proceedings. 2007:518~523.

[98] Meyer RK. AI, me and Lewis (Abelian implication, material equivalence and CI Lewis 1920) (Allen Hazen). Journal of Philosophical Logic. 2008, 37(2):169~181.

[99] Montiel O, Castillo O, Melin P, Sepulveda R. Mediative fuzzy logic: a new approach for contradictory knowledge management. Soft Computing. 2008, 12:251~256.

[100] Mu KD, Jin Z, Lu RQ, Peng Y. Handling non-canonical software requirements based on Annotated Predicate Calculus. Knowledge and Information Systems. 2007, 11(1):85~104.

[101] Nakamatsu K. Intelligent process order control based on a paraconsistent logic program: An introduction. 2007 Ieee International Conference on Systems, Man and Cybernetics, Vols 1~8. 2007:3203~3208.

[102] Nakamatsu K, Abe JM, Akama S. An intelligent coordinated traffic signal control based on EVALPSN. Knowledge-Based Intelligent Information and Engineering Systems: KES 2007 - WIRN 2007, Pt II, Proceedings. 2007, 4693:869~876.

[103] Nakamatsu K, Komaba H, Suzuki A, Lie CL, Chung SL. Defeasible deontic control for discrete events based on EVALPSN. Rough Sets and Current Trends in Computing. 2004, 3066:310~315.

[104] Nakamatsu K, Mita Y, Shibata T. An intelligent action control system based on extended vector annotated logic program and its hardware implementation. Intelligent Automation and Soft Computing. 2007, 13:289~304.

[105] Nakamatsu K, Seno T, Abe JM, Suzuki A. Intelligent real-time traffic signal control based on a paraconsistent logic program EVALPSN. Rough Sets, Fuzzy Sets, Data Mining, and Granular Computing. 2003, 26(39):719~723.

[106] Neto A, Finger M. Effective prover for minimal inconsistency logic. Artificial Intelligence in Theory and Practice. 2006, 217:465~474.

[107] Odintsov SP. Algebraic semantics for paraconsistent Nelson's logic. Journal of Logic and Computation. 2003, 13(4):453~468.

[108] Odintsov SP. On extensions of Nelson's logic satisfying Dummett's axiom. Siberian Mathematical Journal. 2007, 48(1):112~125.

[109] Odintsov S, Pearce D. Routley semantics for answer sets. Logic

Programming and Nonmonotonic Reasoning. 2005, 3662:343~355.

[110] Osoriol M, Nieves JC. Pstable semantics for possibilistic logic programs. Micai 2007: Advances in Artificial Intelligence. 2007, 4827:294~304.

[111] Paoli F. Quine and Slater on paraconsistency and deviance. Journal of Philosophical Logic. 2003, 32(5):531~548.

[112] Perlis D. Truth and meaning. Artificial Intelligence. 1989, 39(2):245~250.

[113] Priest G. Logic of Paradox. Journal of Philosophical Logic. 1979, 8:219~241.

[114] Priest G. When inconsistency is inescapable a survey of paraconsistent logics. South African Journal of Philosophy-Suid-Afrikaanse Tydskrif Vir Wysbegeerte. 1988, 7(2):83~89.

[115] Priest G. Reasoning about thuth. Artificial Intelligence. 1989, 39(2):231~244.

[116] Priest G. Paraconsistent Logic. In Handbook of Philosophical Logic. D. M. Gabbay and F. Guenthner. 2002, 6:287~393.

[117] Pynko AP. Subprevarieties versus extensions. Application to the logic of paradox. Journal of Symbolic Logic. 2000, 65(2):756~766.

[118] Robles G. The basic constructive logic for absolute consistency defined with a propositional falsity constant. Logic Journal of the Igpl. 2008, 16(3):275~291.

[119] Slater BH. Paraconsistent logics. Journal of Philosophical Logic. 1995, 24(4):451~454.

[120] Smarandache F. Neutrosophic set - A generalization of the intuitionistic fuzzy set. 2006 Ieee International Conference on Granular Computing. 2006:38~42.

[121] Tran N, Bagabi R. Infinite relations in paraconsistent databases. Advances in Databases and Information Systems. 1999, 1691:275~287.

[122] Tsoukias A, Vincke P. A new axiomatic foundation of partial comparability. Theory and Decision. 1995, 39(1):79~114.

[123] Villadsen J. Paraconsistent query answering systems. Flexible Query

Answering Systems, Proceedings. 2002, 2522:370~384.

[124] Vitoria A, Damasio CV, Maluszynski J. From rough sets to rough knowledge bases. Fundamenta Informaticae. 2003, 57(2~4):215~46.

[125] Wansing H. Diamonds are a philosopher's best friends - The Knowability Paradox and modal epistemic relevance logic. Journal of Philosophical Logic. 2002, 31(6):591~612.

[126] Yue A, Ma Y, Lin ZQ. Four-valued semantics for default logic. Advances in Artificial Intelligence, Proceedings. 2006, 4013:195~205.

[127] Zamansky A, Avron A. Effiective non-deterministic semantics for first-order LFIs. Journal of Multiple-Valued Logic and Soft Computing. 2007, 13(4~6):335~351.

杜国平主编

应用逻辑与逻辑应用研究丛书

1. 不协调信息的推理机制研究★（已出版）
2. 3 值逻辑研究
3. 提高国民逻辑素质的理论和实践探索研究